Աստուծոյ Զօրութիւնը

Աշխարհի սկիզբէն իվեր
լսուած չէ որ մարդ մը
կոյր ծնածի մը աչքերը բացած ըլլայ:
Եթէ Աստուծմէ չըլլար այն մարդը,
բա՛ն մըն ալ չէր կրնար ընել:
(Յովհաննու 9.32-33)

Աստուծոյ Զօրութիւնը

Դոկտ. Ճէյրոք Լի

URIM
BOOKS

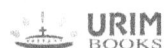

Աստուծոյ Չօրութիւնը Դոկտ. Ճէյրոք Լիի կողմէ

Հրատարակուած է Ուրիմի Գիրքերու կողմէ (Ներկայացուցիչ՝ Սէոնկքէոն Վին)
235-3, Կիւրօ-Տօնկ 3, Կիւրօ-կու, Սէուլ, Քորէա
www.urimbooks.com

Բոլոր իրաւունքները վերապահուած են: Այս գիրքը, կամ անկէ մասեր, որեւէ ձեւով կարելի չէ վերարտադրել, վերստացման դրութեամբ պահել, եւ կամ որեւէ ձեւով կամ որեւէ միջոցով փոխանցել՝ ելեկտրոնային, մեքենական, լուսապատճէնով, արձանագրութեամբ կամ այլապէս, առանց նախապէս գրաւոր արտօնութիւն առնելու հրատարակիչէն:

Բացի եթէ ուրիշ ձեւով նշուած ըլլայ, Անգլերէն լեզուի բոլոր Սուրբ Գրային մէջբերումները առնուած են Աստուածաշունչէն, NEW AMERICAN STANDARD BIBLE Սուրբ Գիրքէն, ®, Հեղինակի իրաւունք © 1960, 1962, 1963, 1968, 1971, 1972, 1973, 1975, 1977, 1995 թուականներուն՝ Լոքմէն Հաստատութեան կողմէ: Գործածուած է արտօնութեամբ:

Հեղինակի իրաւունք© 2009 Դոկտ. Ճէյրոք Լիի կողմէ

Միջազգային թուանշան (ISBN): 979-11-263-1198-9 03230

Թարգմանութեան Իրաւունք © 2005 Դոկտ. Եսթեր Քույեանկ Չանկի կողմէ:
Կը գործածուի՝ արտօնութեամբ:

Նախապէս Քորէական լեզուով հրատարակուած է Ուրիմի Գիրքերու կողմէ՝ 2004 թուականին

Խմբագրուած է Դոկտ. Կէյումսան Վինի կողմէ
Ուրուագծուած է Ուրիմի Գիրքերու Խմբագրական Գրասենեակին կողմէ
Յաւելեալ տեղեկութիւններու համար դիմել՝ urimbook@hotmail.com ելեկտրոնային հասցէին:

Յառաջաբան

Աղօթելով որ, Աստուծոյ՝ Ստեղծիչին զօրութիւնով եւ Յիսուս Քրիստոսի աւետարանով, բոլոր մարդիկ կարենան Սուրբ Հոգիին կրակէ գործերուն փորձառութիւնը ունենալ...

Ես շնորհակալութիւն կը յայտնեմ Հայր Աստուծոյ, որ օրհնեց մեզի որպէսզի կարենանք մէկ գիրքի մէջ հրատարակել այն բոլոր պատգամները, որոնք քարոզուեցան տասնըմէկերորդ երկու-շաբթուայ Արթնութեան Յատուկ Ժողովին մէջ, որ տեղի ունեցաւ 2003-ի Մայիսին՝ «Զօրութիւն» բնաբանին տակ: Այդ ժողովներուն ժամանակ տրուեցան կարգ մը վկայութիւններ, որոնք մեծապէս փառաւորեցին զԱստուած:

1993-էն իվեր, Մենմին Կեդրոնական Եկեղեցւոյ հիմնադրութեան տասերորդ տարեդարձէն անմիջապէս յետոյ, Աստուած սկսաւ Երկու-շաբթուայ Արթնութեան Յատուկ Ժողովին միջոցաւ սնուցանել եկեղեցւոյ անդամները, որպէսզի անոնք տիրանան ճշմարիտ հաւատքի, եւ դառնան հոգեւոր մարդիկ:

1999-ի Արթնութեան Ժողովին, որ տեղի ունեցաւ «Աստուած

Սէր է» բնաբանին տակ, Աստուած արտօնեց որ օրհնութեան փորձութիւններ պատահին, որպէսզի Մէնմինի անդամները սկսին անդրադառնալ ու ճանչնալ աւետարանին ճշմարիտ իմաստը, օրէնքը կատարեն սիրով, եւ նմանին մեր Տէրոջը, որ հրաշալի զօրութիւն յայտնաբերեց:

2000 թուին, Նոր հազարամեակի մը արեւածագին, որպէսզի աշխարհի շուրջը գտնուող բոլոր ժողովուրդները կարենան Աստուծոյ՝ Ստեղծիչին զօրութեան, Յիսուս Քրիստոսի աւետարանին, եւ Սուրբ Հոգիին կրակէ գործերուն փորձառութիւնը ունենալ, Աստուած օրհնեց մեզի ուղղակիօրէն հեռասփռելու այս Արթնութեան ժողովները՝ Մուկունկհուա արբանեակին եւ Համացանցին միջոցաւ: 2003-ին, Քորէայի մէջ մօտ 300 եկեղեցիներէ եւ տասնըհինգ տարբեր երկրիրներէ ունկնդիրներ մասնակցեցան Արթնութեան ժողովին:

Աստուծոյ Զօրութիւնը փորձած է ներկայացնել ընթացքը՝ որով անհատը Աստուծոյ կը հանդիպի եւ Իր զօրութիւնը կը ստանայ, ինչպէս նաեւ այդ զօրութեան տարբեր մակարդակները, Ստեղծագործութեան Ամենաբարձր Զօրութիւնը՝ որ մարդ արարածի մը համար արտօնուած սահմանէն անդին կ'անցնի, եւ այն տեղերը՝ ուր Աստուծոյ զօրութիւնը կը յայտնաբերուի:

Աստուծոյ՝ Ստեղծիչին զօրութիւնը կ'իջնէ մէկու մը վրայ՝ այն աստիճան որ այդ անձը կը նմանի Աստուծոյ, որ Ինքնին լոյսն է: Աւելին, երբ այդ անձը Աստուծոյ հետ մէկ կ'ըլլայ հոգիով, անիկա կրնայ յայտնաբերել ճիշդ այն տեսակի զօրութիւն՝ զոր Յիսուս յայտնաբերեց: Պատճառը այն է՝ որովհետեւ Յովհաննու 15.7-ի մէջ, մեր Տէրը այսպէս կ'ըսէ մեզի. «Եթէ դուք Իմ մէջս կենաք եւ Իմ խօսքերս ալ ձեր մէջ կենան, ի՛նչ որ ուզէք՝ պիտի խնդրէք ու պիտի ըլլայ ձեզի»:

Անձնապէս ես ունեցած եմ ցնծութեան եւ ուրախութեան փորձառութիւնը, ազատ արձակուելով եօթը-տարիներու հիւանդութիւններէ եւ մղձաւանջէ, դառնալով զօրութեան տիրացած հոգեւոր ծառայ մը, որ կը նմանի Տէրոջը: Ես շատ օրեր կրկին անգամներ ծոմապահութիւն ընելով աղօթած եմ, եւ յետոյ կանչուած եմ ըլլալու Տէրոջը ծառան: Մարկոս 9.22-ի մէջ Յիսուս մեզի կ'ըսէ. «Եթէ կրնաս հաւատալ: Ամէն բան կարելի է անոր՝ որ կը հաւատայ»: Նաեւ, ես կը հաւատայի ու կ'աղօթէի, որովհետեւ ես ամուր կերպով բռնած էի Յիսուսի հետեւեալ խոստումը. «Ան որ Ինծի կը հաւատայ, այն գործերը որոնք ես կը գործեմ, ինք ալ պիտի գործէ եւ անոնցմէ աւելի մեծ գործեր պիտի գործէ՝ վասն զի ես Հօրս քով կ'երթամ» (Յովհաննու 14.12): Ասոր որպէս հետեւանք, ամէն տարուայ Արթնութեան ժողովներուն միջոցաւ, Աստուած հրաշալի նշաններ եւ հրաշքներ ցոյց տուած է, եւ անհամար թիւով բժշկութիւններ եւ պատասխաններ տուած է մեզի: Աւելին, 2003-ի Արթնութեան ժողովի երկրորդ շաբթուան ընթացքին, Աստուած Իր զօրութեան յայտնաբերումը կեդրոնացուց այն անհատներուն վրայ՝ որոնք անկարող էին տեսնելու, քալելու, լսելու եւ խօսելու:

Հակառակ որ բժշկական գիտութիւնը յառաջ գացած է եւ կը շարունակէ աւելի եւս յառաջացում արձանագրել, գրեթէ անկարելի է բժշկուիլը անոնց՝ որոնք կորսնցուցած են իրենց տեսողութիւնը կամ լսողութիւնը: Այսուհանդերձ, մեր Ամենակարող Աստուածը Իր հզօր ուժին զօրութիւնը յայտնաբերեց, այնպէս որ, երբ ես միայն աղօթեցի բեմէն, ստեղծագործութեան ուժը կարողացաւ նորոգել մեռած ջիղերն ու բջիջները, եւ մարդիկ սկսան տեսնել, լսել, եւ խօսիլ: Աւելին, ծռած ողնայարները շտկուեցան եւ կարծրացած ոսկորները քակուեցան, այնպէս որ մարդիկ կարողացան ձերբազատուիլ իրենց անթացուպերէն, եղէգնացուպերէն, եւ հաշմանդամի աթոռներէն, եւ սկսան ոտքի կայնիլ, ցատկել ու քալել:

Աստուծոյ հրաշալի գործը նաեւ կը գերազանցէ ժամանակն ու տարածութիւնը եւ անոնց սահմանափակումները: Մարդիկ որոնք արբանեակի միջոցաւ հետեւեցան Արթնութեան ժողովներուն, անոնք ալ իրազեկ դարձան Աստուծոյ զօրութեան, եւ ներկայացուցին իրենց վկայութիւնները, որոնք մինչեւ այս օրս տակաւին պահուած են:

Այս է պատճառը թէ ինչու 2003-ի Արթնութեան ժողովը - որուն ընթացքին անհամար թիւով մարդիկ ճշմարտութեան խօսքով վերստին ծնունդ ունեցան, նոր կեանք ստացան, նաեւ ստացան փրկութիւն, պատասխաններ ու բժշկութիւն, եւ մեծապէս փառաւորեցին Զինք – այս բոլորը հռչակուած են առանձին մէկ գործի մը մէջ:

Ես յատուկ շնորհակալութիւն կը յայտնեմ Խմբագրական Գրասենեակի Տնօրէն՝ Կէյումսան Վինի եւ իր աշխատակիցներուն, ինչպէս նաեւ Թարգմանութեան Գրասենեակին, իրենց ժրաջան աշխատանքին եւ նուիրումին համար:

Թող ձեզմէ իւրաքանչիւրը իրազեկ դառնայ Աստուծոյ՝ Ստեղծիչին զօրութեան, Յիսուս Քրիստոսի աւետարանին, եւ Սուրբ Հոգիին կրակէ գործերուն, եւ թող որ ուրախութիւնն ու ցնծութիւնը առատապէս յորդի քու կեանքիդ մէջ – այս բոլորը կ'աղօթեմ մեր Տէրոջ՝ Յիսուս Քրիստոսի անունով...

Ճէյրոք Լի

Ներածութիւն

Անպայմանօրէն կարդացուելիք գիրք մը, որ կը ծառայէ որպէս կենսական ուղղութիւն մը՝ որուն միջոցաւ մէկը կրնայ ճշմարիտ հաւատքի տիրանալ, եւ Աստուծոյ սքանչելի զօրութեան փորձառութիւնը ունենալ:

Ես բոլոր շնորհակալութիւնը եւ փառքը կու տամ Աստուծոյ, որ առաջնորդեց մեզի մէկ գործի մէջ հրատարակելու այն բոլոր պատգամները, որոնք քարոզուեցան 2003-ի Մայիսին՝ «Երկու-շաբթուայ Արթնութեան Յատուկ Տասնըմէկերորդ Ժողով՝ Դոկտ. Ճէյրոք Լիի հետ» կոչուած համագումարի ընթացքին, որ տեղի ունեցաւ Աստուծոյ զօրութեան մեծ ու հրաշալի գործերու ընկերակցութեամբ:

Աստուծոյ Զօրութիւնը պիտի նուաճէ ձեզ շնորհքի եւ սուր ցնցումի մէջ, որովհետեւ անիկա կը պարունակէ ինը պատգամներ՝ Արթնութեան Ժողովէն, որ տեղի ունեցաւ «Զօրութիւն» բնաբանին տակ, ինչպէս նաեւ վկայութիւններ՝ որոշ թիւով անհատներէ, որոնք ուղղակիօրէն փորձառութիւնը ունեցան կենդանի Աստուծոյ զօրութեան եւ Յիսուս Քրիստոսի աւետարանին:

Առաջին Պատգամին մէջ՝ «Աստուծոյ Հաւատալ», կը

նկարագրուի Աստուծոյ ինքնութիւնը, թէ ինչ է Իրեն հաւատալը, նաեւ այն միջոցները՝ որով մենք կը կրնանք հանդիպիլ Աստուծոյ, եւ իրազեկ դառնալ Իր ներկայութեան:

Երկրորդ Պատգամին մէջ՝ «Տէրոջը Հաւատալ», կ'արծարծուի Յիսուսի աշխարհ գալուն նպատակը, թէ ինչու համար միայն Յիսուսն է մեր Փրկիչը, եւ թէ ինչու մենք փրկութիւն ու պատասխաններ կը ստանանք՝ երբ Տէր Յիսուս Քրիստոսի կը հաւատանք:

Երրորդ Պատգամը՝ «Գոհարեղէնէ Աւելի Գեղեցիկ Անօթ մը», մանրամասն կերպով կը նկարագրէ թէ ինչ հարկաւոր է ըլլել՝ դառնալու համար թանկագին, ազնուական, եւ գեղեցիկ անօթ մը՝ Աստուծոյ առջեւ, ինչպէս նաեւ կը նկարագրէ այն օրհնութիւնները՝ որոնք կը թափին այսպիսի անօթի մը վրայ:

Չորրորդ Պատգամը՝ «Լոյսը», կը նկարագրէ հոգեւոր լոյսը, եւ կը բացատրէ թէ ինչ պէտք է ըլլենք որպէսզի հանդիպինք Աստուծոյ՝ որ Ինքնին լոյսն է, նաեւ կը նկարագրէ այն օրհնութիւնները՝ զոր պիտի ստանանք՝ երբ կը քալենք լոյսին մէջ:

Հինգերորդ Պատգամը՝ «Լոյսին Զօրութիւնը», կը մխրճուի Աստուծոյ զօրութեան չորս տարբեր մակարդակներուն մէջ, որոնք մարդ արարածներու կողմէ յայտնաբերուած են լոյսի զանազան գոյներու ընդմէջէն, ինչպէս նաեւ իրական կեանքէ առնուած բժշկութեան այլազան վկայութիւններու ընդմէջէն, յայտնաբերուած՝ իւրաքանչիւր մակարդակի վրայ: Աւելին, ծանօթացնելով Ստեղծագործութեան Բարձրագոյն Զօրութիւնը, Աստուծոյ անսահման զօրութիւնը եւ միջոցները՝ որով մենք կրնանք այդ լոյսին զօրութիւնը ստանալ, մանրամասն կերպով բացատրուած են:

Հիմնուելով այն ընթացքին վրայ, որով իր ծնունդէն կոյր մարդ մը տեսողութիւն ստացաւ Յիսուսի հանդիպելով, եւ լսելով կարգ մը անհատներու վկայութիւնները՝ որոնց աչքերը բացուած են եւ կամ իրենց վատ տեսողութիւնը բժշկուած է, Վեցերորդ Պատգամը՝ «Կոյրերուն Աչքերը Պիտի Բացուին», պիտի օգնէ ձեզի որ ամէն բանէ առաջ կարենաք ճանչնալ Աստուծոյ՝ Ստեղծիչին զօրութիւնը:

Եօթերորդ Պատգամին մէջ՝ «Մարդիկ Ոտքի Պիտի Կայնին, Պիտի Ցատկին ու Պիտի Քալեն», կը նկարագրուի անդամալոյծի մը պատմութիւնը, որ իր ընկերներուն օգնութեամբ Յիսուսի կու գայ, ոտքի կ'ելլէ ու կը քալէ. այս բոլորը ուշադրութեամբ քննարկուած են: Աւելին, այս Պատգամը նաեւ կը լուսաբանէ ընթերցողներուն հաւատքի այն արարքներուն մասին, զոր պէտք է ներկայացնեն Աստուծոյ առջեւ, որպէսզի կարենան այսպիսի զօրութեան փորձառութիւնը ունենալ այսօր:

Ութերորդ Պատգամը՝ «Մարդիկ Պիտի Ցնծան, Պիտի Պարեն ու Պիտի Երգեն», կը խորանայ համր եւ խուլ մարդուն պատմութեան մէջ, որ բժշկութիւն կը ստանայ՝ Յիսուսի առջեւ գալով, եւ կը ներկայացնէ միջոցները՝ որով մենք ալ կրնանք այսպիսի հզօր ուժի փորձառութիւնը ունենալ՝ նոյնիսկ այսօր:

Վերջապէս, Իններորդ Պատգամին մէջ՝ «Աստուծոյ Անվրէպ Նախասահմանութիւնը», կը մարգարէանայ վերջին օրերու մասին եւ Աստուծոյ նախասահմանութեան՝ Մէնմին Կեդրոնական եկեղեցիին համար - որոնք երկուքն ալ յայտնուած են Ինքնին Աստուծոյ կողմէ՝ Մէնմին Եկեղեցւոյ հիմնադրութենէն իվեր, աւելի քան քսան տարիներ առաջ – պարզօրէն կը բացատրուին:

Թող որ այս գործին միջոցաւ անհամար թիւով մարդիկ կարենան տիրանալ ճշմարիտ հաւատքի, շարունակ իրազեկ դառնան Աստուծոյ՝ Ստեղծիչին զօրութեան ու գործածուին որպէս Սուրբ Հոգիին անօթները, եւ կատարելագործեն Աստուծոյ նախասահմանութիւնը. Յիսուս Քրիստոսի անունով ես կ'աղօթեմ...

Կէյումսան Վին
Խմբագրական Գրասենեակի Տնօրէն

Բովանդակութիւն

Պատգամ - 1
Աստուծոյ Հաւատալ (Եբրայեցիս 11.3) · 1

Պատգամ - 2
Տէրոջը Հաւատալ (Եբրայեցիս 12.1-2) · 25

Պատգամ - 3
Գոհարեղէնէ մը Աւելի Գեղեցիկ Անօթ մը

(Բ. Տիմոթէոս 2.20-21) · 47

Պատգամ - 4
Լոյսը (Ա. Յովհաննու 1.5) · 67

Պատգամ - 5
Լոյսին Զօրութիւնը (Ա. Յովհաննու 1.5) · 85

Պատգամ - 6
Կոյրերուն Աչքերը Իիտի Բացուին

(Յովհաննու 9.32-33) · 117

Պատգամ - 7
Մարդիկ Ոտքի Իիտի Կայնին, Իիտի Յատկին ու Իիտի Քալեն

(Մարկոս 2.3-12) · 135

Պատգամ - 8
Մարդիկ Իիտի Յնծան, Իիտի Պարեն ու Իիտի Երգեն

(Մարկոս 7.31-37) · 157

Պատգամ - 9
Աստուծոյ Անվրէպ Նախասահմանութիւնը

(Բ. Օրինաց 26.16-19) · 179

Պատգամ 1
Աստուծոյ Հաւատալ

Եբրայեցիս 11.3

Հաւատքով կ'իմանանք թէ աշխարհ
Աստուծոյ խօսքովը հաստատուեցաւ
Ու աներեւոյթ բաներէն այս
երեւցածները եղան:

1993-ի Մայիս 1-էն սկսեալ ամէն տարի տեղի ունեցող երկու-շաբթուայ Արթնութեան Յատուկ Ժողովներոն ընթացքին, մարդիկ ունեցած են առաջնահերթ փորառութիւններ՝ իրազեկ դառնալով Աստուծոյ յարատեւ աւելցող զօրութեան եւ գործերուն, որով բժշկուած են այնպիսի հիւանդութիւններ՝ որոնք չեն կրնար բուժուիլ այժմու բժշկական գիտութեամբ ու դեղերով, եւ լուծուած են հարցեր՝ որոնք չեն կրնար լուծուիլ արդի գիտութեամբ: Վերջին տասնըեօթը տարիներուն, ինչպէս կը գտնենք Մարկոս 16.20-ի մէջ, Աստուած Իր խօսքը հաստատած է նշաններով, որոնք կ'ընկերանային Խօսքին:

Մեծ խորութիւններով քարոզուած այս պատգամներուն միջոցաւ, որոնք կեդրոնացած են հաւատքի, արդարութեան, սիրոյ, մարմնի ու հոգիի, լոյսի ու բարութեան, եւ նման բաներու վրայ, Աստուած Մէնմին եկեղեցւոյ խումբ մը անդամներու առաջնորդած է առաւել եւս խորունկ հոգեւոր աշխարհին: Ասկէ զատ, Արթնութեան իւրաքանչիւր Ժողովի միջոցաւ, Աստուած ամէն բանէ առաջ մեզ կ'առաջնորդէր ականատես դառնալու Իր զօրութեան, այնպէս որ այդ Ժողովները սկսան ճանչցուիլ որպէս համաշխարհային հռչակ ունեցող Արթնութեան Ժողովներ:

Մարկոս 9.22-ի մէջ Յիսուս մեզի կ'ըսէ. «Եթէ կրնաս հաւատալ: Ամէն բան կարելի է անոր՝ որ կը հաւատայ»: Ուրեմն, եթէ մենք ճշմարիտ հաւատքի ունինք, այն ատեն ոչ մէկ բան անկարելի կ'ըլլայ մեզի համար, եւ կը ստանանք ամէն բան՝ զոր կը փնտռենք:

Ուրեմն, ի՞նչ է, զոր մենք պէտք է հաւատանք, եւ ի՞նչպէս

պէտք է հաւատանք անոր: Եթէ չենք գիտեր եւ շիտակ ձեւով չենք հաւատար Աստուծոյ, այն ատեն մենք չենք կրնար Աստուծոյ զօրութեան փորձառութիւնը ունենալ եւ մեզի համար դժուար կ'ըլլայ Իրմէ պատասխաններ ստանալը: Այդ է պատճառը թէ ինչու համար ծայրայեղօրէն կարեւոր է ճիշդ ձեւով հասկնալը եւ հաւատալը:

Ո՞վ է Աստուած

Առաջին, Աստուած Սուրբ Գիրքի վաթսունվեց գիրքերուն հեղինակն է: Բ. Տիմոթէոս 3.16-ը մեզ կը յիշեցնէ թէ «Բոլոր Գիրքը Աստուծոյ շունչն է»: Սուրբ Գիրքը կը բաղկանայ վաթսունվեց գիրքերէ, եւ այնպէս կը թուի թէ անիկա արձանագրուած է երեսունչորս տարբեր մարդոց կողմէ, 1600 տարուայ ժամանակամիջոցի մը մէջ: Ամէն պարագայի, Աստուածաշունչի իւրաքանչիւր գիրքին մէջ գտնուող ամենէն ապշեցուցիչ երեւոյթը այն է թէ՝ հակառակ այն իրողութեան որ բազմաթիւ դարերու ընթացքին Աստուածաշունչի գիրքերը արձանագրուած էին իրարմէ բոլորովին տարբեր մարդոց կողմէ, այսուհանդերձ, սկիզբէն մինչեւ վերջը անոնք բոլորն ալ ներդաշնակ եւ համապատասխան են իրարու: Այլ խօսքով, Աստուածաշունչը Աստուծոյ խօսքն է, Աստուծոյ ներշնչումով գրուած՝ տարբեր անձերու կողմէ, որոնք յարմար սեպուած են պատմութեան տարբեր շրջաններուն, եւ Աստուածաշունչին միջոցաւ Աստուած Ինքզինք կը յայտնէ: Այդ է պատճառը որ բոլոր անոնք, որոնք կը հաւատան թէ Սուրբ Գիրքը Աստուծոյ խօսքն է եւ կը հնազանդին անոր, կրնան օրհնութիւններու եւ շնորհքի փորձառութիւնը ունենալ, ինչպէս որ Աստուած Ինք խոստացած է:

Յաջորդը, Աստուած՝ «Ես եմ Որ Էն» (Ելից 3.14), բոլորովին տարբեր կուռքերէն, որոնք մարդուն երեւակայութեամբ ստեղծուած են, կամ մարդուն ձեռքով քանդակուած, մեր Աստուածը ճշմարիտ Աստուածն է, որ գոյութիւն ունեցած է յաւիտենականութենէն առաջ՝ դէպի յաւիտենականութիւն: Ասկէ զատ, մենք կրնանք նկարագրել թէ Աստուած սէր է (Ա. Յովհաննու 4.16), լոյս է (Ա. Յովհաննու 1.5), իսկ ժամանակի վերջաւորութեան՝ բոլոր բաներուն դատաւորը:

Ամէն պարագայի, ամէն բանէ վեր, մենք պէտք է յիշենք որ Աստուած, Իր ապշեցուցիչ զօրութեամբ, ստեղծեց բոլոր բաները երկինքի մէջ ու երկրի վրայ: Անիկա Ամենակարող Աստուածն է, որ բացայայտօրէն եւ հաստատ կերպով Իր հրաշալի զօրութիւնը յայտնաբերած է Ստեղծագործութեան ժամանակէն մինչեւ այս օրս:

Ամէն Բաներու Ստեղծիչը

Ծննդոց 1.1-ի մէջ մենք կը գտնենք թէ՝ «Սկիզբէն Աստուած երկինքն ու երկիրը ստեղծեց»: Եբրայեցիս 11.3-ը մեզի կ'ըսէ. «Յաւատքով կ'իմանանք թէ աշխարհ Աստուծոյ խօսքովը հաստատուեցաւ ու աներեւոյթ բաներէն այս երեւցածները եղան»:

Ժամանակի սկիզբը, պարապութեան վիճակին մէջ, Աստուծոյ զօրութեամբ ստեղծուեցաւ ամէն բան՝ տիեզերքին մէջ: Իր զօրութեամբ, Աստուած ստեղծեց արեւն ու լուսինը՝ երկնակամարին մէջ, բոյսերը եւ ծառերը, թռչունները եւ կենդանիները, ծովուն մէջի ձուկերը, եւ մարդ արարածները:

Հակառակ այս իրողութեան, շատ մարդիկ անկարող են հաւատալու Աստուծոյ՝ Ստեղծիչին, որովհետեւ ստեղծագործութեան մտապատկերը պարզապէս չափազանց հակասական է այն գիտութեան՝ զոր իրենք ստացած են, եւ այն փորձառութեան՝ զոր իրենք շահած եւ ունեցած են այս աշխարհին մէջ: Օրինակի համար, այսպիսի մարդոց մտքերուն մէջ կարելի չէ որ ամէն բաները ստեղծուած ըլլան Աստուծոյ հրամանով՝ ոչնչութեան վիճակէն:

Այս է պատճառը թէ ինչու յղացուեցաւ աստիճանական բարեշրջութեան տեսութիւնը: Բարեշրջութեան տեսութեան յարողները կը հակաճառեն ըսելով թէ կենդանի էակը ըստ բախտի գոյութիւն ունեցած է, եւ անիկա աստիճանաբար ինքնիրեն բարեշրջուած ու բազմապատկուած է: Եթէ մարդիկ ուրանան Աստուծոյ՝ տիեզերքի ստեղծագործութիւնը այս տեսակի գիտութեան շրջանակին մէջ, այն ատեն անոնք անկարող կ'ըլլան հաւատալու Սուրբ Գիրքին մէջի մնացեալ բաները: Նաեւ, անոնք անկարող կ'ըլլան հաւատալու երկինքի եւ դժոխքի գոյութեան քարոզչութիւնը որովհետեւ բնաւ հոն չեն գտնուած, եւ անկարող կ'ըլլան հաւատալու Աստուծոյ Որդիին՝ որ ծնաւ որպէս մարդ արարած, մեռաւ, յարութիւն առաւ, եւ երկինք համբարձաւ:

Ամէն պարագայի, մենք կը գտնենք որ, մինչ գիտութիւնը կը յառաջանայ, աստիճանական բարեշրջութեան խաբէութիւնը երեւան կ'ելլէ, մինչդեռ ստեղծագործութեան օրինականութիւնը կը շարունակուի ընդարձակուիլ:

Նոյնիսկ եթէ մենք չենք կրնար հայթայթել գիտական ապացոյցներու ցանկ մը, այսուհանդերձ կան բիւրաւոր օրինակներ որոնք կը վկայեն ստեղծագործութեան մասին:

Ապացոյցներ, որով Մենք Կրնանք Հաւատալ Աստուծոյ՝ Ստեղծիչին

Հոս կը գտնուի այդպիսի օրինակ մը: Աշխարհի մէջ կան երկու հարիւրէ աւելի երկիրներ եւ նոյնիսկ աւելի եւս ցեղային տարբեր խումբեր՝ ժողովուրդներու միջեւ: Տակաւին, չնայած անոնց ճերմակ, սեւ, կամ դեղին ըլլալուն, այդ բոլոր ժողովուրդներու տարբեր ցեղերուն միջեւ իւրաքանչիւր անհատ ունի երկու աչք, մէկ քիթ, եւ երկու քթածակ: Այս կաղապարը կը յարմարի ոչ միայն մարդ արարածներուն, այլ նաեւ գետնի վրայ եղող բոլոր կենդանիներուն, երկինքի թռչուններուն, եւ ծովուն մէջի ձուկերուն: Պարզապէս որովհետեւ փիղի մը կնճիթը բացառաբար հսկայ եւ երկար է, այդ չի նշանակեր որ փիղը երկու քթածակէ աւելի ունի: Մարդ արարածներուն, կենդանիներուն, թռչուններուն, եւ ձուկերուն իւրաքանչիւրը մէկ բերան ունի, եւ բոլորին պարագային ալ դիրքը, ուր որ բերանը դրուած է, նոյնն է: Ապրող էակներու տարբեր տեսակներու միջեւ կան նուրբ տարբերութիւններ՝ իւրաքանչիւր գործարանի դիրքին նկատմամբ, սակայն մեծ մասամբ անոնց կառուցուածքը եւ դիրքը չեն կրնար զատորոշուիլ:

Ի՞նչպէս կարելի է որ այս բոլորը «բախտով» տեղի ունեցած ըլլան: Ասիկա հաստատ ապացոյց մըն է թէ միայն մէկ Ստեղծիչ մը ծրագրած եւ կազմած է անհամար թիւով մարդիկ, կենդանիներ, թռչուններ, եւ ձուկեր: Եթէ մէկ ստեղծիչէ մը աւելի ստեղծիչներ ըլլային, այն ատեն ապրող էակներու երեւոյթը եւ անոնց կառուցուածքը իրարմէ շատ տարբեր պիտի ըլլային, նայած ստեղծիչներու թիւին եւ անոնց նախասիրութիւններուն: Ամէն պարագայի, որովհետեւ մեր Աստուածը միակ Ստեղծիչն է, այդ պատճառով ալ բոլոր ապրող էակները միեւնոյն գիծերու ծրագրին համաձայն կազմուած են:

Աւելին, բնութեան եւ տիեզերքին մէջ մենք կը գտնենք անհամար թիւով ապացոյցներ, որոնք բոլորն ալ մեզ կ'առաջնորդեն հաւատալու Աստուծոյ՝ թէ Ինք ստեղծած է ամէն բաները: Ինչպէս որ Հռովմայեցիս 1.20-ը մեզի կ'ըսէ. «Քանզի աներեւոյթ բաները աշխարհի սկիզբէն ստեղծուածներովը կ'իմացուին, կը տեսնուին, այսինքն Իր մշտնջենաւոր զօրութիւնը ու աստուածութիւնը, որպէս զի անպատասխանի մնան», այդպէս Աստուած բոլոր բաները Ինքը ծրագրեց ու կազմեց, այնպէս որ Աստուծոյ գոյութեան ճշմարտութիւնը կարելի չէ ուրանալ կամ հերքել:

Ամբակումայ 2.18-19-ի մէջ Աստուած մեզի այսպէս կ'ըսէ. «Ի՞նչ օգուտ ունի արհեստագէտին քանդակած կուռքը, ձուլածոյ կուռքը եւ ստութիւն սորվեցնողը, որ շինողը իր շինած բանին ապաւինի, երբ համր կուռքեր կը շինէ: Վա՜յ անոր, որ փայտին կ'ըսէ՝ 'Արթնցի՛ր' եւ համր քարին՝ 'Ելի՛ր'. միթէ անիկա բան մը պիտի սորվեցնէ՞. ահա անիկա ոսկիով ու արծաթով պատուած է եւ անոր մէջ ամենեւին հոգի չկայ»: Եթէ ձեզմէ որեւէ մէկը, առանց զԱստուած ճանչնալու, կուռքերու ծառայած եւ կամ անոնց հաւատացած է, դուք պէտք է ամբողջութեամբ զղջաք եւ դարձի գաք ձեր մեղքերէն՝ ձեր սրտերը պատռելով:

Սուրբ Գրային Ապացոյցներ, որով Մենք Ստոյգ Կերպով Կրնանք Հաւատալ Աստուծոյ՝ Ստեղծիչին

Տակաւին կան շատ մարդիկ, որոնք անկարող են հաւատալու Աստուծոյ, հակառակ իրենց շուրջը գտնուող լայնածաւալ թիւով ապացոյցներու: Այդ է պատճառը որ, յայտնաբերելով Իր զօրութիւնը, Աստուած Իր գոյութեան մասին աւելի ակներեւ եւ անհերքելի ապացոյցներ ցոյց տուած է մեզի: Այն հրաշքներուն միջոցաւ, որոնք չեն կրնար մարդու կողմէ արտադրուիլ, Աստուած թոյլ տուած է որ մարդկութիւնը հաւատայ Իր գոյութեան եւ Իր սքանչելի գործին:

Աստուածաշունչին մէջ կան բազմաթիւ հմայիչ օրինակներ եւ պարագաներ, որոնց մէջ Աստուծոյ ուժին զօրութիւնը բացայայտօրէն դրսեւորուած է: Կարմիր Ծովը երկուքի բաժնուած է, արեւը անշարժ մնացած կամ ետեւ գացած է, եւ երկինքէն կրակ իջեցուած է վար: Անապատին մէջ լեղի ջուրը անուշցած է՝ վերածուելով ըմպելի ջուրի, մինչ ժայռէ մը ջուր դուրս ժայթքած է: Մեռելներ վերակենդանացած են, հիւանդներ բժշկուած են, եւ կորսուած թուող պատերազմներ շահուած են:

Երբ մարդիկ կը հաւատան ամենակարող Աստուծոյ եւ կը հարցնեն ու կը խնդրեն Իրմէ, անոնք կրնան Աստուծոյ զօրութեան աներեւակայելի գործին փորձառութիւնը ունենալ: Այդ է պատճառը թէ ինչու Աստուած Սուրբ Գիրքին մէջ արձանագրած է շատ մը պարագաներ, որոնց մէջ յայտնաբերուած է Իր զօրութիւնը, եւ մեզի կ'օրհնէ որպէսզի հաւատանք:

Այսուհանդերձ, Աստուծոյ զօրութեան գործերը միայն Աստուածաշունչին մէջ չեն որ գոյութիւն ունին: Որովհետեւ Աստուած անփոփոխ է, անհամար թիւով նշաններուն, հրաշքներուն, եւ Իր զօրութեան գործերուն ընդմէջէն, այսօր Աստուած Իր հզօր ուժը կը յայտնաբերէ ճշմարիտ հաւատացեալներու միջոցաւ, ամբողջ աշխարհի շուրջը. Աստուած այդպէս խոստացած է մեզի: Մարկոս 9.22-ի մէջ, Յիսուս մեզ դարձեալ կը վստահեցնէ ըսելով. «Եթէ կրնաս հաւատալ: Ամէն բան կարելի է անոր՝ որ կը հաւատայ»: Մարկոս 16.17-18-ի մէջ, մեր Տէրը կը յիշեցնէ մեզի ըսելով. «Անոնք որ կը հաւատան, այս նշանները անոնց հետ պիտի երթան: Իմ անունովս դեւեր պիտի հանեն, նոր լեզուներ պիտի խօսին. ձեռքերնին օձեր պիտի բռնեն եւ եթէ մահառիթ դեղ մը խմեն, իրենց պիտի չվնասէ. հիւանդներու վրայ ձեռք պիտի դնեն ու անոնք պիտի առողջանան»:

Աստուծոյ զօրութիւնը յայտնաբերուած՝ Մէնմին Կեդրոնական Եկեղեցւոյ մէջ

Այն եկեղեցին ուր ես կը ծառայեմ որպէս աւագ հովիւ, Մէնմին Կեդրոնական Եկեղեցին, Աստուծոյ՝ Ստեղծիչին զօրութեան գործերը յայտնաբերած է կրկին ու կրկին

«Ո՜րքան երախտապարտ էի ես
երբ Դուն իմ կեանքս փրկեցիր...
ես կը խորհէի թէ անթացուպերուս
վրայ պիտի յենէի
իմ կեանքիս մնացեալ օրերուն մէջ...
Հիմա ես կրնամ քալել...
Հայր, Հայր ես շնորհակալութիւն
կը յայտնեմ Քեզի»:

Սարկաւագուհի Ճոհաննա Բարք,
որ մշտականապէս հաշմանդամ եղած էր,
կը նետէ իր անթացուպերը եւ կը քալէ՝
Աղօթք ստանալէ ետք:

անգամներ, մինչ անիկա կը ջանար աւետարանը տարածել աշխարհի բոլոր կողմերը: 1982 թուականի իր հիմնադրութենէն սկսեալ մինչեւ այս օրս, Մէնմինը անհամար թիւով ժողովուրդ առաջնորդած է դէպի փրկութեան ճամբան, Աստուծոյ՝ Ստեղծիչին զօրութեամբ: Աստուծոյ զօրութեան գործերէն ամենէն երեւելին՝ հիւանդութիւններու եւ անկարողութիւններու բժշկութիւնն է: Շատ մարդիկ «անբուժելի» հիւանդութիւններով, ներառեալ՝ քաղցկեղ, հիւծախտ, անդամալուծութիւն, ուղեղային անդամալուծութիւն, իջուածք, յօդացաւ, արեան քաղցկեղ, եւ նման բաներ, բժշկուած են: Դեւերը դուրս հանուած են, կաղերը ոտքի ելած եւ սկսած են քալել ու վազել, եւ զանազան արկածներով անդալոյծ դարձած մարդիկ լաւացած են: Աւելին, աղօթք ստանալէ անմիջապէս յետոյ, մարդիկ՝ որոնք սաստիկ այրուածքներէ կը տառապէին՝ բժշկուած են, առանց որեւէ աւռելի վէրքի նշաններ ձգելով: Ուրիշներ՝ որոնց մարմինները քարացած էին, եւ որոնք ուղեղային արիւնահոսումի կամ կազի թունաւորման պատճառաւ կորսնցուցած էին իրենց ինքնագիտակցութիւնը, վերակենդանացան եւ անմիջապէս կազդուրուեցան: Տակաւին ուրիշներ, որոնք դադրած էին շնչելէ, աղօթք ստանալէ ետք դարձեալ կեանք ստացան:

Շատ ուրիշներ, որոնք անկարող էին զաւակներ ունենալու՝ իրենց ամուսնութենէն հինգ, եօթը, տասը, նոյնիսկ քան տարիներ յետոյ, աղօթք ընդունելէ ետք, յղանալու օրհնութիւններ ստացան: Անհամար թիւով անհատներ, որոնք կարող չէին լսելու, տեսնելու, եւ խօսելու, մեծապէս փառաւորեցին զԱստուած, աղօթքով վերագտնելէ

«Ես կը կարօտիմ քու քովդ երթալ,
Հայր, բայց ի՞նչ պիտի պատաhիի
իմ սիրելիներուս՝ երբ ես երթամ:
Տէր իմ, եթէ դուն ինծի նոր կեանք ...
ես Քեզի պիտի նուիրեմ զանիկա...

Երէց Մունքի Քիմ,
որ յանկարծ փլելով ինկած էր
ուղեղային կաթուածի հետեւանքով,
իր գիտակցութիւնը կը վերագտնէ եւ ոտքի կ'ելլէ՝ Դոկտ Ճէյրոք
Լիի աղօթքէն ետք:

ետք այդ կարողութիւնները:

Նոյնիսկ եթէ գիտութիւնը եւ դեղերը տարուէ տարի ու դարէ դար հսկայ ոստումներ արձանագրեն, տակաւին կարելի չէ մեռած ջիղերը վերակենդանացնել եւ բնածին կուրութիւնը կամ խլութիւնը բժշկել: Ամէն պարագայի, ամենակարող Աստուած կրնայ որեւէ բան ընել՝ մինչ Ինք ոչինչէն բան մը կը ստեղծէ:

Ես անձնապէս փորձառութիւնը ունեցած եմ ամենակարող Աստուծոյ զօրութեան: Նախքան իմ Աստուծոյ հաւատալս, ես եօթը տարի շարունակ կը գտնուէի մահուան դրան սեմին: Ես հիւանդ էի մարմնիս բոլոր մասերուն մէջ, ի բաց առեալ իմ երկու աչքերէս, այնպէս որ ես կը կեղծ անունով կը կանչուէի որպէս՝ «հիւանդութեան մեծ մթերանոց»: Պարապ տեղ ես փորձեցի Արեւելեան եւ Արեւմտեան դեղեր, բորոտներու դեղեր, ամէն տեսակի խոտեր, արջերու եւ շուներու միզապարկեր, հարիւրոտներ, եւ նոյնիսկ կղկղանքի ջուր: Այդ բոլորը անօգուտ էին ինծի համար: Այդ մղձաւանջային եօթը տարիներու ընթացքին ես ամէն ջանք թափեցի, բայց չկրցայ բժշկուիլ: 1974-ի գարնան, երբ ես մեծ յուսահատութեան մէջ կը գտնուէի, անհաւատալի փորձառութիւն մը ունեցայ: Այն վայրկեանին որ ես Աստուծոյ հանդիպեցայ, Ան բժշկեց զիս իմ բոլոր հիւանդութիւններէս եւ տկարութիւններէս: Անկէ իվեր Աստուած միշտ պաշտպանած է զիս, այնպէս որ ես բնաւ դարձեալ չեմ հիւանդացած: Նոյինսկ երբ ես քիչ մը անհանգիստ զգացած եմ մարմնիս որեւէ մէկ մասին մէջ, հաւատքով աղօթելէ ետք՝ ես անմիջապէս բժշկուած եմ:

Ինծմէ եւ իմ ընտանիքէս զատ, ես գիտեմ թէ Մենմին

եկեղեցւոյ անդամներէն շատերը անկեղծօրէն կը հաւատան ամենակարող Աստուծոյ, եւ ուրեմն անոնք միշտ ֆիզիքապէս առողջ են եւ դեղերէ կախեալ չեն: Երախտապարտ ըլլալով Բժշկող Աստուծոյ ողորմութեան, շատ մարդիկ, որոնք լաւացած են, ներկայիս կը ծառայեն եկեղեցիին որպէս Աստուծոյ հաւատարիմ հովիւներ, երէցներ, սարկաւագներ եւ սարկաւագուհիներ, եւ գործիչներ:

Աստուծոյ զօրութիւնը սահմանափակուած չէ հիւանդութիւններ եւ տկարութիւններ բժշկելու: 1982-թուականէն, եկեղեցւոյ հիմնադրութենէն իվեր, Մենմինի անդամներէն շատերը անթիւ պարագաներու մէջ ականատես դարձած են այնպիսի օրինակներու, երբ Աստուծոյ զօրութեան վրայ հաւատքով եղած աղօթքը կը կառավարէր օդի վիճակը, որովհետեւ այդ աղօթքը կեցուցած է ծանր անձրեւները, Մենմինի անդամները պատսպարած է ամպերով՝ կիզիչ արեւոտ օրուան մը մէջ, եւ դադրեցուցած է հովամրրիկները, կամ փոխած է անոնց ուղղութիւնը: Օրինակի համար, ամէն Յուլիսին կամ Օգոստոսին, ամառնային առանձնարաններու մէջ, եկեղեցական ընդարձակ համագումարներ տեղի կ'ունենան: Նոյնիսկ եթէ Հարաւային Քորէայի մնացեալ բոլոր մասերը կը տառապին հովամրրիկներէն եւ հեղեղներէն պատճառուած վնասներէն, երկրին այդ վայրերը եւ այդ մասերը, ուր համագումարները տեղի կ'ունենան, յաճախ անվնաս կը մնան ծանր անձրեւներէ եւ բնական այլ աղէտներէ: Մենմին եկեղեցիէն կարգ մը անդամներ նաեւ կանոնաւոր կերպով ծիածաններ կը տեսնեն, նոյնիսկ այն օրերուն՝ երբ անկէ առաջ անձրեւած չըլլար:

Նաեւ կայ Աստուծոյ զօրութեան աւելի եւս ապշեցուցիչ

երեւոյթը: Իր զօրութեան գործը կը յայտնաբերուի նոյնիսկ երբ ես ուղղակիօրէն չեմ աղօթեր հիւանդներուն համար: Անհամար թիւով մարդիկ մեծապէս փառաւորած են զԱստուած՝ բժշկութիւն եւ օրհնութիւններ ստանալով «Հիւանդներուն համար Աղօթք»ին միջոցաւ որ կը կատարուի բեմէն, հաւատացեալներու ամբողջ բազմութեան համար, ինչպէս նաեւ այն «Աղօթք»ին միջոցաւ, որ արձանագրուած է երիզներու, Համացանցային հեռասփռումներու, եւ հեռախօսային ինքնագործ հաղորդագրութիւններու վրայ:

Աւելին, Գործք Առաքելոց 19.11-12-ի մէջ մենք կը գտնենք. «Եւ Աստուած նշանաւոր հրաշքներ կ'ընէր Պօղոսին ձեռքով. այնպէս որ անոր մարմնէն թաշկինակներ ու գոգնոցներ կը տանէին հիւանդներուն եւ անոնք կը բժշկուէին ու չար ոգիները կ'ելլէին»: Նմանապէս թաշկինակներուն միջոցաւ, որոնց վրայ ես նախապէս աղօթած կ'ըլլամ, Աստուծոյ զօրութեան հրաշալի գործը կը յայտնաբերուի:

Աւելին, երբ ձեռքերս կը դնեմ եւ կ'աղօթեմ հիւանդներու նկարներուն վրայ, ամբողջ աշխարհի շուրջ տեղի կ'ունենան բժշկութիւններ՝ որոնք կը գերազանցեն ժամանակն ու միջոցը: Այս է թէ ինչու, երբ ես երկրէն դուրս հոգեւոր արշաւ մը կը կատարեմ, ամէն տեսակ հիւանդութիւններ եւ անկարողութիւններ, ներառեալ մահացու AIDS, այսինքն՝ Դիմադրողականութեան Անկման Վարակներ, երկվայրկեանի մը մէջ կը բժշկուին Աստուծոյ զօրութեամբ, որ կը գերազանցէ ժամանակն ու միջոցը:

Աստուծոյ Զօրութեան Փորձառութիւնը Ունենալու համար

Արդե՞օք այս կը նշանակէ թէ որեւէ մէկը որ կը հաւատայ Աստուծոյ, կրնայ փորձառութիւնը ունենալ Իր զօրութեան ապշեցուցիչ գործին, եւ պատասխաններ ու օրհնութիւններ ստանալ: Շատ մարդիկ Աստուծոյ մէջ իրենց հաւատքը կը դաւանին, բայց անոնցմէ ոչ բոլորը Աստուծոյ զօրութեան փորձառութիւնը կ'ունենան: Դուն կրնաս Իր զօրութեան փորձառութիւնը ունենալ միայն այն ատեն՝ երբ Աստուծոյ մէջ քու հաւատքդ գործով կը յայտնուի եւ երբ Աստուած կ'ընդունի՝ «Գիտեմ թէ դուն կը հաւատաս Ինծի»:

Աստուած այն պարզ իրողութիւնը՝ երբ անհատ մը կը լսէ մէկու մը քարոզը եւ կը սկսի յաճախել պաշտամունքի արարողութիւնը, պիտի նկատէ որպէս «հաւատք»: Ամէն պարագայի, տիրանալու համար ճշմարիտ հաւատքի, որով կրնաս բժշկութիւն եւ աղօթքի պատասխաններ ստանալ, դուն պէտք է լսես եւ ճանչնաս Աստուծոյ ինքնութեան մասին, թէ ո՞վ է Աստուած, թէ ինչո՞ւ համար Յիսուս մեր Փրկիչն է, եւ պէտք է գիտնաս երկինքի ու դժոխքի գոյութեան մասին: Երբ դուն կը հասկնաս այս ազդակները, կ'ապաշխարես քու մեղքերէդ, կ'ընդունիս Յիսուսը որպէս քու Փրկիչդ, եւ Սուրբ Հոգին կը ստանաս, այն ատեն դուն իրաւունք պիտի ստանաս որպէս Աստուծոյ զաւակ: Ասիկա առաջին քայլն է ճշմարիտ հաւատքի ուղղութեամբ:

Մարդիկ, որոնք ճշմարիտ հաւատքի տիրացած են, ցոյց պիտի տան արարքներ՝ որոնք այսպիսի հաւատքի մասին կը դաւանին: Աստուած պիտի տեսնէ այդ հաւատքի գործերը եւ պիտի պատասխանէ անոնց սրտին փափաքներուն: Անոնք որոնք Աստուծոյ զօրութեան գործին փորձառութիւնը կ'ունենան, այդ անհատները Աստուծոյ հանդէպ հաւատքի ապացոյցներ ցոյց կու տան եւ Աստուծոյ հաւանութիւնը կը ստանան:

Հաւատքի Գործերով Հաճեցնել զԱստուած

Հոս կան կարգ մը օրինակներ Աստուածաշունչէն: Առաջին, Դ. Թագաւորաց 5-րդ գլխուն մէջ կը գտնուի Նեեմանի պատմութիւնը, որ Արամի թագաւորին բանակին հրամանատարն էր: Նեեման փորձառութիւնը ունեցաւ Աստուծոյ զօրութեան գործին՝ իր հաւատքի արարքները ցուցաբերելէ ետք, հնազանդելով Եղիսէ մարգարէին, որուն միջոցաւ Աստուած խօսեցաւ իրեն:

Նեեման երեւելի եւ հռչակաւոր զօրավար մըն էր Արամի թագաւորութեան մէջ: Երբ բորոտութենէ բռնուեցաւ, Նեեման այցելեց Եղիսէի, որուն համար կ'ըսուէր թէ հիանալի հրաշքներ կը կատարէր: Ամէն պարագայի, երբ Նեեմանի նման այսպիսի ազդեցիկ եւ նշանաւոր զօրաւար մը Եղիսէի քով եկաւ՝ մեծ քանակութեամբ ոսկիով, արծաթով, եւ հանդերձներով, մարգարէն պարզապէս պատգամաւոր մը ղրկեց Նեեմանի եւ ըսաւ անոր. «Գնա՛ Յորդանանի մէջ եօթը անգամ լուացուէ՛» (10-րդ համար):

Սկիզբը Նեեման յայտնապէս բարկացաւ, մեծ մասամբ որովհետեւ ինք պատշաճ վերաբերմունք չստացաւ մարգարէին կողմէ: Աւելին, փոխանակ աղօթելու Նեեմանի համար, Եղիսէ իրեն լուր ղրկեց ըսելով որ երթայ եւ ինքզինքը լուա Յորդանան Գետին մէջ: Ամէն պարագայի, Նէեման շուտով փոխեց իր միտքը եւ հնազանդեցաւ: Յակառակ որ Եղիսէի խօսքերը իր հաւնած խօսքերը չէին եւ ինքն իր խորհուրդներով չհամաձայնեցաւ անոր, այսուհանդերձ Նէեման միտքը դրաւ որ նուազագոյնը՝ պիտի փորձէր հնազանդիլ Աստուծոյ մարգարէին:

Այն ժամանակ երբ Նէեման վեց անգամ ինքզինքը լուացած էր Յորդանան Գետին մէջ, տակաւին ոչ մէկ տեսանելի փոփոխութիւններ տեղի ունեցած էին իր բորոտութեան նկատմամբ: Բայց եւ այնպէս, երբ Նէեման եօթերորդ անգամ ըլլալով լուացուեցաւ Յորդանան Գետին մէջ, իր մարմինը վերանորոգուեցաւ եւ մաքրուեցաւ ու պզտիկ տղու մը մարմնին պէս եղաւ (14-րդ համար):

Յոգեւոր առումով, «ջուրը» կը խորհրդանշէ Աստուծոյ Խօսքը: Այն իրողութիւնը՝ որ Նէեման ինքզինք մխրճեց Յորդանան Գետին մէջ, կը նշանակէ թէ Նէեման Աստուծոյ Խօսքով մաքրուեցաւ իր մեղքերէն: Ասկէ զատ, թիւ «եօթը» կը խորհրդանշէ կատարելութիւն. ուստի այն իրողութիւնը, որ Նէեման «եօթը անգամ» Գետին մէջ ինքզինք մխրճեց, կը նշանակէ թէ զօրավարը կատարեալ թողութիւն ստացաւ:

Նոյն իմաստով, եթէ մենք կը փափաքինք Աստուծոյ պատասխանները ստանալ, սկիզբը մենք պէտք է կատարելապէս զղջանք եւ դարձի գանք մեր բոլոր մեղքերէն, ճիշդ ինչպէս որ Նէեման ըրաւ: Տակաւին, զղջումը չվերջանար պարզապէս միայն ըսելով. «Ես կը զղջամ: Ես սխալ ըրած եմ»: Դուք պէտք է ձեր «սրտերը պատռէք» (Յովելեայ 2.13): Աւելին, երբ ամբողջութեամբ կը զղջաս քու մեղքերուդ համար, դուն պէտք է վճռես բնաւ դարձեալ նոյն մեղքը չգործել: Միայն այն ատեն է որ քու եւ Աստուծոյ միջեւ մեղքի պատը պիտի քանդուի, ուրախութիւնը պիտի ծագի ներսէն՝ քու մէջէդ, հարցերդ պիտի լուծուին, եւ քու սրտիդ փափաքներուն պատասխանները պիտի ստանաս:

Երկրորդ, Գ. Թագաւորաց 3-րդ գլխուն մէջ, մենք կը գտնենք որ Սողոմոն Թագաւորը հազար ողջակէզ մատուցանեց Աստուծոյ առջեւ զոհելու: Այս զոհերուն միջոցաւ, Սողոմոն իր հաւատքի արարքները ցոյց տուաւ որպէսզի Աստուծոյ պատասխանները ստանայ, եւ որպէս հետեւանք՝ Աստուծմէ ստացաւ ոչ միայն այն՝ ինչ որ ինք խնդրած էր, այլ նաեւ այն՝ ինչ որ ինք չէր խնդրած:

Հազար ողջակէզ մատուցանելը չափազանց մեծ նուիրում կը պահանջէր Սողոմոնէն: Իւրաքանչիւր ողջակէզի համար, թագաւորը պէտք էր անասուններ բռնէր եւ պատրաստէր զանոնք: Կրնա՞ս երեւակայել թէ որքան շատ ժամանակ, ջանք, եւ դրամ ծախսած պէտք էր ըլլար որպէսզի կարենար հազար անգամ այսպիսի ողջակէզներ ընծայել: Այս տեսակի նուիրումը, զոր Սողոմոն ցոյց տուաւ, կարելի պիտի չըլլար եթէ թագաւորը հաւատացած չըլլար կենդանի Աստուծոյն:

Սողոմոնի նուիրումը տեսնելով, Աստուած անոր ոչ միայն իմաստութիւն տուաւ, որ թագաւորը սկիզբէն կը փնտռէր, այլ նաեւ անոր տուաւ հարստութիւն եւ փառք – այնպէս որ իր ամբողջ կեանքի ընթացքին թագաւորներուն մէջ Սողոմոնի նման մէ՛կը չէր գտնուած:

Վերջապէս, Մատթէոս 15-րդ գլխուն մէջ կը գտնենք Տիւրոսի ու Սիդոնի կողմերէն եղող Քանանացի կնոջ մը պատմութիւնը, որուն աղջիկը դիւահար էր: Այդ կինը Յիսուսի առջեւ եկաւ խոնարհ եւ անփոփոխ սրտով ու Յիսուսէն բժշկութիւն խնդրեց իր աղջկան համար, եւ վերջաւորութեան ստացաւ իր սրտին փափաքը: Ամէն պարագայի, Քանանացի կնոջ ջերմագին խնդրանքին դիմաց, սկիզբը Յիսուս չպատասխանեց ըսելով. «Լաւ, քու աղջիկդ բժշկուած է»: Փոխարէնը, Յիսուս ըսաւ այդ կնոջ. «Աղէկ չէ տղոց հացը առնել ու շուներուն ձգել» (26-րդ համար): Անիկա այդ կինը բաղդատեց շունի մը հետ: Եթէ այդ կինը առանց հաւատքի ըլլար, անիկա պէտք էր կա՛մ սարսափելի կերպով շփոթէր, եւ կամ ալ անզուսպ ձեւով բարկանար: Այսուհանդերձ, այս կինը ունէր այնպիսի հաւատք մը, որը զինք վստահեցուցած էր Յիսուսի պատասխանին նկատմամբ, եւ ուրեմն անիկա ո՛չ յուսալքուեցաւ եւ ո՛չ ալ ահաբեկեցաւ: Ընդհակառակը, անիկա նոյնիսկ աւելի եւս խոնարհութեամբ յարեցաւ Յիսուսի: «Այո՛, Տէ՛ր», ըսաւ Յիսուսի, «վասն զի շուները իրենց տիրոջ սեղանէն ինկած փշրանքներով կը կերակրուին»: Ասոր վրայ, տեսնելով այդ կնոջ հաւատքը, Յիսուս մեծապէս հրճուեցաւ եւ անմիջապէս բժշկեց անոր դիւահար աղջիկը:

Նմանապէս, եթէ կ'ուզենք բժշկութիւն եւ պատասխաններ ստանալ, մենք պէտք է մեր հաւատքը ցոյց տանք մինչեւ վերջը: Աւելին, եթէ դուն տիրացած ես այն հաւատքին՝ որով կրնաս Աստուծոյ պատասխանները ստանալ, այն ատեն դուն պէտք է ֆիզիքապէս ինքզինքդ ներկայացնես Աստուծոյ առջեւ:

Անշուշտ, որովհետեւ Աստուծոյ զօրութիւնը մեծապէս կը յայտնաբերուի Մէնմին Կեդրոնական Եկեղեցւոյ մէջ, կարելի է բժշկութիւն ստանալ թաշկինակով, որուն վրայ ես աղօթած կ'ըլլամ, եւ կամ նկարներով: Ամէն պարագայի, բացի եթէ մէկը հիւանդ է՝ ճգնաժամային վիճակի մէջ ըլլալով, եւ կամ բացի եթէ երկրէն դուրս կը գտնուի, այդ անհատը անձամբ պէտք է գայ Աստուծոյ առջեւ: Մէկը կրնայ Աստուծոյ զօրութեան փորձառութիւնը ունենալ Իր Խօսքը լսելէ եւ հաւատքի տիրանալէ ետք միայն: Ասկէ զատ, եթէ անհատը մտային խանգարում ունի կամ դիւահար է, եւ ուրեմն անիկա չկրնար իր անձնական հաւատքով Աստուծոյ առջեւ գալ, այն ատեն, Տիւրոսի ու Սիդոնի կողմերէն եղող Քանանցի կնոջ նման, իր ծնողքը կամ իր ընտանիքի անդամները պէտք է իրեն փոխարէն իրենք գան Աստուծոյ առջեւ՝ սիրով եւ հաւատքով:

Այս բոլորէն զատ, կան նաեւ հաւատքի ուրիշ շատ ապացոյցներ: Օրինակի համար, անհատի մը դիմաց, որ ունի այնպիսի հաւատք՝ որով ան կրնայ ստանալ պատասխաններ, ուրախութիւն, եւ երախտագիտութիւն, ապացոյցները միշտ ալ յստակ եւ բացայայտ են: Մարկոս 11.24-ի մէջ, Յիսուս մեզի կ'ըսէ. «Ի՛նչ բան որ աղօթքով կը խնդրէք, հաւատացէք թէ պիտի առնէք եւ պիտի ըլլայ ձեզի»: Եթէ դուն ճշմարիտ հաւատք ունիս, այն ատեն դուն ամէն ատեն միայն ուրախ եւ երախտապարտ կ'ըլլաս: Աւելին, եթէ դուն կը դաւանիս թէ կը հաւատաս Աստուծոյ, այն ատեն դուն պիտի հնազանդիս եւ Իր Խօսքով պիտի ապրիս: Որովհետեւ Աստուած լոյս է, դուն պիտի ջանաս լոյսի մէջ քալել եւ պիտի կերպարանափոխուիս:

Աստուած կը հրճուի մեր հաւատքի գործերով եւ կու տայ մեզի մեր սրտին փափաքները: Արդեօք դուն տիրացա՞ծ ես այն տեսակի եւ այն աստիճանի հաւատքին՝ որուն Աստուած Իր հաւանութիւնը պիտի տայ:

Եբրայեցիս 11.6-ի մէջ մեզի յիշեցում կը տրուի, ըսելով. «Բայց առանց հաւատքի անհնար էր Աստուծոյ հաճելի ըլլալ. վասն զի ան որ Աստուծոյ կը մօտենայ, պէտք է որ հաւատայ թէ Աստուած կայ եւ թէ վարձահատոյց կ'ըլլայ անոնց, որ Զինք կը փնտռեն»:

Կանոնաւոր ձեւով հասկնալով թէ ի՞նչ է Աստուծոյ հաւատալը եւ ապացուցանելով ձեր հաւատքը, թող ձեզմէ իւրաքանչիւրը հաճեցնէ զԱստուած, ականատես դառնայ Իր զօրութեան, եւ օրհնեալ կեանք մը առաջնորդէ. ես կ'աղօթեմ մեր Տէրոջը՝ Յիսուս Քրիստոսի անունով...

Պատգամ 2

Տէրոջը Հաւատալ

Եբրայեցիս 12.1-2

Ուստի մենք ալ, որ այսչափ վկաներու
բազմութեամբ շրջապատուած ենք,
ամէն ծանրութիւն մեր վրայէն մէկդի ձգենք
եւ մեզ դիւրաւ պաշարող մեղքը:
Համբերութիւնով վազենք
մեր առջեւ դրուած ասպարէզի ընթացքը,
Յիսուսին նայինք՝ մեր հաւատքին
առաջնորդին ու կատարողին,
որ Իր առջեւ կեցած ուրախութեանը համար
խաչը յանձն առաւ, ամօթը արհամարհեց
ու Աստուծոյ աթոռին աջ կողմը նստաւ:

Շատ մարդիկ այսօր լսած են «Յիսուս Քրիստոս» անունը: Ամենայնդէպս, զարմանալի թիւով մարդիկ չեն գիտեր թէ ինչու համար Յիսուս մարդկութեան միակ Փրկիչն է կամ թէ ինչու համար մենք փրկութիւն կը ստանանք միայն այն ատեն՝ երբ կը հաւատանք Յիսուս Քրիստոսի: Աւելի գէշը այն է, որ կան կարգ մը Քրիստոնեաներ, որոնք անկարող են պատասխանելու վերի հարցումներուն, հակառակ որ այդ հարցումները ուղղակիօրէն կապ ունին փրկութեան հետ: Այդ կը նշանակէ թէ այս Քրիստոնեաները Քրիստոսի մէջ իրենց կեանքերը կ'ապրին՝ առանց կատարեալ ձեւով հասկնալու այդ հարցումներուն հոգեւոր նշանակութիւնները:

Ուրեմն, երբ մենք շիտակ ձեւով կը գիտնանք եւ կը հասկնանք թէ ինչու Յիսուս մեր միակ Փրկիչն է եւ թէ ինչ ըսել է Զինք ընդունիլը եւ Իրեն հաւատալը, եւ երբ ճշմարիտ հաւատքի կը տիրանանք, միայն այն ատեն է որ մենք կրնանք Աստուծոյ զօրութեան փորձառութիւնը ունենալ:

Կարգ մը մարդիկ Յիսուսը կը նկատեն որպէս չորս մեծ սուրբերէն մէկը: Ուրիշներ Իր մասին կը խորհին պարզապէս որպէս Քրիստոնէութեան հիմնադիրը, կամ որպէս շատ ազնուական եւ վեհանձն մարդ մը, որ մեծ քանակութեամբ բարիք ըրաւ Իր կեանքի ընթացքին:

Ամէն պարագայի, մեր մէջէն բոլոր անոնք՝ որոնք Աստուծոյ զաւակներ դարձած են, պէտք է կարողանան խոստովանիլ թէ Յիսուս մարդկութեան Փրկիչն է, որ բոլոր մարդիկը փրկեց իրենց մեղքերէն: Գուցէ մենք ի՞նչպէս կրնանք Աստուծոյ միածին Որդին՝ Յիսուս Քրիստոսը բաղդատել մարդկային էակներու հետ, այսինքն պարզ արարածներու հետ: Նոյնիսկ Յիսուսի ժամանակ, մենք կը գտնենք որ կային շատ տարբեր եւ այլազան տեսակէտներ որով մարդիկ կը համեմատէին ու կը խորհէին Յիսուսի մասին:

Ստեղծիչին՝ այսինքն Աստուծոյ Որդին, Փրկիչը

Մատթէոս 16-ի մէջ կայ տեսարան մը, որուն մէջ Յիսուս կը հարցնէ իր աշակերտներուն. «Մարդիկ ո՞վ կ'ըսեն թէ եմ ես» (13-րդ համար): Նշելով զանազան մարդոց հակադարձութիւնները, աշակերտները պատասխանեցին. «Ոմանք կ'ըսեն թէ Յովհաննէս Մկրտիչն ես, ուրիշներ՝ Եղիան, ուրիշներ ալ՝ Երեմիան կամ մարգարէներէն մէկը» (14-րդ համար): Յետոյ Յիսուս հարցուց Իր աշակերտներուն. «Հապա դո՞ւք Ինծի համար ո՞վ կ'ըսէք թէ եմ» (15-րդ համար): Երբ Պետրոս պատասխանեց ըսելով. «Դուն ես Քրիստոսը, կենդանի Աստուծոյ Որդին» (16-րդ համար), Յիսուս ողջունեց զինք ըսելով. «Երանի՜ քեզի, Սիմոն, Յովնանի որդի. վասն զի մարմինը եւ արիւնը քեզի չյայտնեցին ասիկա, հապա Իմ Հայրս որ երկինք է» (17-րդ համար): Աստուծոյ զօրութեան անթիւ գործերուն միջոցաւ, զոր Յիսուս յայտնաբերեց, Պետրոս վստահ էր թէ Յիսուս

Ստեղծիչին՝ այսինքն Աստուծոյ Որդին էր, եւ թէ Ինքն էր Քրիստոսը՝ մարդկութեան Փրկիչը:

Սկիզբէն Աստուած գետնի հողէն ստեղծեց մարդը, Իր պատկերին նման, եւ զինք առաջնորդեց դէպի Եդեմի Պարտէզը: Պարտէզին մէջ կային կենաց ծառը եւ բարին ու չարը գիտնալու ծառը, եւ Աստուած առաջին մարդուն՝ Ադամին պատուիրեց ըսելով. «Պարտէզին բոլոր ծառերէն համարձակ կեր. բայց բարիի ու չարի գիտութեան ծառէն մի՛ ուտեր. քանզի այն օրը որ անկէ ուտես, անշուշտ պիտի մեռնիս» (Ծննդոց 2.16-17):

Երկար ժամանակ անցնելէ ետք, առաջին մարդը եւ կինը, Ադամն ու Եւան, փորձութեան ենթարկուեցան օձէն, որ դրդուած էր Սատանայէն, եւ անհնազանդ եղան Աստուծոյ պատուէրին: Վերջաւորութեան, անոնք բարիի ու չարի գիտութեան ծառէն կերան եւ Եդեմի Պարտէզէն դուրս վռնտուեցան: Որպէս հետեւանք իրենց արարքներուն, Ադամի եւ Եւայի սերունդը իրենց մեղսալից բնութիւնը ժառանգեցին: Աւելին, որովհետեւ Աստուած Ադամի ըսած էր թէ ինք անշուշտ պիտի մեռնէր, անոր համար Ադամի յաջորդող բոլոր սերունդները ուղղուեցան դէպի յաւիտենական մահուան ճամբան:

Ուրեմն, ժամանակի սկիզբէն առաջ, Աստուած փրկութեան ճամբան պատրաստեց, այսինքն Ստեղծիչին՝ Աստուծոյ Որդին, Յիսուս Քրիստոսը: Ինչպէս որ Գործք Առաքելոց 4.12 մեզի կ'ըսէ. «Ուրիշ մէ՛կով փրկութիւն չկայ. վասն զի Անկէ զատ ուրիշ անուն մը չկայ երկնքի տակ՝ մարդոց մէջ տրուած, որով կարող ըլլանք փրկուիլ». ի բաց առեալ Յիսուս Քրիստոսէ, մարդկային պատմութեան մէջ ուրիշ ո՛չ մէկը որակեալ է ըլլալու մարդկութեան Փրկիչը:

Աստուծոյ Նախասահմանութիւնը որ Պահուած էր Ժամանակի Սկիզբէն Առաջ

Ա. Կորնթացիս 2.6-7 մեզի կ'ըսէ. «Սակայն կատարեալներուն հետ իմաստութեան մասին կը խօսինք, բայց ո՛չ թէ աշխարհի իմաստութեան եւ ո՛չ այս աշխարհի մակիանացու իշխաններուն, հապա Աստուծոյ ծածուկ իմաստութեան մասին կը խօսինք խորհրդով, որ աշխարհի ստեղծուելէն առաջ սահմանեց Աստուած մեր փառքին համար. որ այս աշխարհի իշխաններէն մէ՛կը չճանչցաւ»: Ա. Կորնթացիս 2.8-» կը շարունակէ յիշեցնել մեզի, ըսելով. «Քանզի եթէ ճանչցած ըլլային, ա՛լ փառքերուն Տէրը խաչը չէին հաներ. հապա ինչպէս գրուած է. 'Այն բաները որոնք աչք չէ տեսեր եւ ականջ չէ լսեր ու որոնք մարդու սրտին մէջ չեն իյներ, Աստուած Զինք սիրողներուն պատրաստեց'»: Մենք պէտք է անդրադառնանք թէ փրկութեան ճամբան, որ Աստուած մարդկութեան համար պատրաստեց ժամանակի սկիզբէն առաջ, խաչին ճամբան է՝ Յիսուս Քրիստոսի միջոցաւ, եւ ա՛յս է Աստուծոյ իմաստութիւնը, որ պահուած էր:

Որպէս Ստեղծիչը, Աստուած շարունակ ամէն բաները կը

կառավարէ տիեզերքին մէջ, եւ մարդկային պատմութիւնը Ինքը կը ղեկավարէ: Թագաւորը կամ երկրի մը նախագահը իր երկիրը կը կառավարէ երկրի օրէնքին համեմատ. միացեալ գործադիր մարմնի ատենադպիրը կամ ղեկավարող պատասխանատու պաշտօնեան կը հսկէ իր ընկերութիւնը՝ համաձայն այդ ընկերութեան ուղեցոյցներուն. եւ ընտանիքի մը գլուխը կամ առաջնորդ պետը կը ղեկավարէ իր ընտանիքը՝ ընտանեկան օրէնքներուն համաձայն: Նմանապէս, հակառակ որ Աստուած տիեզերքի մէջ բոլոր բաներուն տէրն է, Անիկա միշտ բոլոր բաները կը կառավարէ հոգեւոր աշխարհի օրէնքին համաձայն, որ կը գտնուի Աստուածաշունչին մէջ:

Յոգեւոր աշխարհի օրէնքին համաձայն, կանոն մը կայ որ կ'ըսէ. «Քանզի մեղքին վարձքը մահ է» (Յռովմայեցիս 6.23), որը կը պատժէ մեղաւորը. նաեւ կանոն մը կայ որ կրնայ մեզ փրկել մեր մեղքերէն: Այդ է պատճառը թէ ինչու Աստուած այդ կանոնը կիրարկեց որպէսզի մեզ փրկէ մեր մեղքերէն, որպէսզի վերահաստատէ իշխանութիւնը, որ կորսուած էր եւ յանձնուած Սատանային՝ Ադամի անհնազանդութեամբ:

Ի՞նչ էր այդ կանոնը որով մարդկութիւնը կրնար փրկուիլ եւ որով կարելի կ'ըլլար վերահաստատել ան հեղինակութիւնը, որ առաջին մարդը՝ Ադամը փոխանցած էր Սատանային: «Երկրի փրկութեան օրէինքին» համաձայն, ժամանակի սկիզբէն առաջ Աստուած փրկութեան ճամբան պատրաստեց բոլոր մարդկութեան համար:

Յիսուս Քրիստոս Որակեալ Է Երկրին Ազատագրման Օրէնքին Համաձայն

Աստուած Իսրայէլացիներուն տուաւ «երկրի ազատագրման օրէնքը», որ կը հրահանգէ հետեւեալը. երկիրը պէտք չէ մշտնջենապէս ծախուի, եւ եթէ մէկը աղքատանայ ու իր ստացուածքը ծախէ, անոր ամենամօտիկ ազգականը կամ ինք անձամբ կրնայ իր ստացուածքը փրկել. այս ձեւով դարձեալ վերահաստատելով իր ստացուածքին տիրութիւնը (Ղեւտացւոց 25.23-28):

Աստուած սկիզբէն գիտէր թէ Ադամ իր անհնազանդութեամբ Աստուծմէ ստացած իր իշխանութիւնը պիտի կորսնցնէր եւ զայն պիտի լքէր Սատանայի ձեռքը: Ասկէ զատ, Աստուած, որպէս տիեզերքին մէջ գտնուող բոլոր բաներուն նախնական եւ ճշմարիտ Տէրն ու Տիրակալը, Սատանային յանձնեց Ադամին իշխանութիւնը եւ փառքը, զոր Ադամ ատեն մը ունէր, ճիշդ ինչպէս որ կը պահանջուէր հոգեւոր աշխարհի օրէնքին կողմէ: Այդ է պատճառը որ, Ղուկաս 4-ի մէջ, երբ Սատանան փորձութեան մատնեց Յիսուսը՝ ցոյց տալով Անոր աշխարհի բոլոր թագաւորութիւնները, կրցաւ ըսել Յիսուսի. «Այս ամէն իշխանութիւնը ու անոնց փառքը Քեզի պիտի տամ. վասն զի ինծի յանձնուած է եւ որուն որ ուզեմ՝ կու տամ զանիկա» (Ղուկաս 4.6-7):

Երկրի ազատագրման օրէնքին համաձայն, բոլոր

երկիրները կամ հողերը Աստուծոյ կը պատկանին: Ուրեմն, մարդ արարածը բնաւ չկրնար տեւականապէս «ծախել» զանոնք, եւ երբ օրինաւոր բարեմասնութիւններով անձ մը յայտնուի, ծախուած հողերը պէտք է վերադարձուին այդ անձին: Նմանապէս, տիեզերքի մէջ ամէն բաները Աստուծոյ կը պատկանին. ուստի Ադամ չէր կրնար զանոնք տեւականապէս «ծախել», ոչ ալ Սատանան կրնար տեւականապէս տիրանալ անոնց վրայ: Ուրեմն, երբ յայտնուեցաւ անիատ մը, որ բաւական չափով կարող էր Ադամի կորսնցուցած իշխանութիւնը փրկելու, թշնամի Սատանան ուրիշ ընտրանք չունէր բացի անձնատուր ըլլալու եւ վերադարձնելու այն իշխանութիւնը՝ զոր ստացած էր Ադամէն:

Ժամանակի սկիզբէն առաջ, արդարութեան Աստուածը պատրաստեց անարատ մարդ մը, Յիսուսը, որ ունէր բոլոր անհրաժեշտ բարեմասնութիւնները եւ որակեալ էր՝ համաձայն երկրի ազատագրման օրէնքին. ուրեմն մարդկութեան փրկութեան ճամբան Յիսուս Քրիստոսն է:

Ուրեմն, երկրի ազատագրման օրէնքին համեմատ, Յիսուս Քրիստոս ի՞նչպէս կրնար վերադարձնել մարդուն իշխանութիւնը, որ յանձնուած էր թշնամի Սատանային: Երբ Յիսուս հետեւեցաւ չորս բարեմասնութիւնները կամ պայմանները լրացնէր, միայն այն ատեն է որ Ան կրնար բոլոր մարդիկը փրկել իրենց մեղքերէն, եւ վերահաստատել այն իշխանութիւնը, որ յանձնուած էր թշնամի Սատանային:

Առաջին, փրկիչը պէտք է որ մարդ մը ըլլայ՝ Ադամի «ամենամօտիկ ազգականը»:

Ղեւտացւոց 25.25-ը մեզի կ'ըսէ. «Եթէ քու եղբայրդ աղքատանայ եւ իր ստացուածքին մէկ մասը ծախէ ու յետոյ եթէ անոր մէկ ազգականը ուզէ, կրնայ եղբօրդ ծախածը փրկել»: Որովհետեւ «ամենամօտիկ ազգականը» կրնայ փրկել հողը կամ ստացուածքը, որպէսզի վերահաստատէ Ադամի իշխանութիւնը, զոր Ադամ լքած ու կորսնցուցած էր, այդ «ամենամօտիկ ազգականը» պէտք է որ մարդ մը ըլլայ: Ա. Կորնթացիս 15.21-22-ի մէջ կը կարդանք. «Քանզի մարդով եղաւ մահը, մարդով ալ մեռելներուն յարութիւնը պիտի ըլլայ: Վասն զի ինչպէս Ադամով ամէնքը կը մեռնին, նոյնպէս ալ Քրիստոսով ամէնքը կենդանի պիտի ըլլան»: Այլ խօսքով, ինչպէս որ մահը մտաւ մէկ մարդու մը անհնազանդութեամբ, նոյնպէս ալ մեռած հոգիին յարութիւնը պէտք է իրագործուի մէկ մարդու մը միջոցաւ:

Յիսուս Քրիստոս է «Բանը [որ] մարմնացաւ» եւ աշխարհ եկաւ (Յովհաննու 1.14): Անիկա Աստուծոյ Որդին է, մարմնի մէջ ծնած, թէ՛ աստուածային եւ թէ՛ մարդկային բնութեամբ: Աւելին, Յիսուսի ծնունդը պատմական իրողութիւն է եւ կան բազմաթիւ ապացոյցներ որոնք կը վկայեն այս իրողութեան մասին: Ամենէն երեւելի ապացոյցը այն է՝ որ մարդկային պատմութիւնը նշանակուած է գործածելով՝ "B.C." կամ «Ք.Ա.», այսինքն՝ «Քրիստոսէ Առաջ», եւ "A.D." կամ Լատիներէն՝ "Anno Domini", որ կը նշանակէ «Յամի Տեառն», այսինքն՝ «Մեր Տէրոջը Օրը»:

Որովհետեւ Յիսուս Քրիստոս աշխարհ մտաւ մարմնով, ուրեմն Յիսուս Ադամի «ամենամօտիկ ազգականն է», եւ կը լրացնէ բարեմասնութեան առաջին պայմանը:

Երկրորդ, փրկիչը պէտք չէ որ Ադամի սերունդ ըլլայ:

Որպէսզի անհատ մը կարենայ ուրիշները փրկել իրենց մեղքերէն, անիկա պէտք չէ որ ինքնին մեղաւոր մը ըլլայ: Ադամի յաջորդող բոլոր սերունդները մեղաւորներ են, որովհետեւ Ադամ ինքնին մեղաւոր դարձաւ իր անհնազանդութեան պատճառաւ: Ուրեմն, երկրի ազատագրման օրէնքին համեմատ, փրկիչը պէտք չէ Ադամի սերունդ ըլլայ:

Յայտնութիւն 5.1-3-ի մէջ գրուած է հետեւեալը.

Աթոռին վրայ նստողին աջ ձեռքին մէջ գիրք մը տեսայ՝ ներսէն ու դուրսէն գրուած եւ եօթը կնիքով կնքուած: Զօրաւոր հրեշտակ մը տեսայ, որ մեծ ձայնով կը կանչէր. «Ո՞վ արժանի է այդ գիրքը բանալու եւ անոր կնիքները քակելու»: Բայց ո՛չ երկնքի մէջ, ո՛չ երկրի վրայ ու ո՛չ երկրի տակ գտնուեցաւ մէ՛կը՝ որ կարող ըլլար այն գիրքը բանալ, ո՛չ ալ անոր նայիլ»:

Հոս, գիրքը, որ «եօթը կնիքով կնքուած» էր, կ'ակնարկէ Աստուծոյ եւ Սատանային միջեւ համաձայնագրի մը կամ պայմանագրի մը, որ խարդախուած էր Ադամի անհնազանդութենէն ետք. եւ այն մէկը, որ «արժանի է այդ գիրքը բանալու եւ անոր կնիքները քակելու», երկրի ազատագրման օրէնքին համաձայն, պէտք է որակեալ անձ մը ըլլայ: Երբ Յովհաննէս առաքեալ դիտեց իր շուրջը, գտնելու համար մէկը՝ որ կարենար այդ գիրքը բանալ եւ անոր կնիքները քակել, ան չկրցաւ գտել որեւէ յարմար անձ մը:

Յովհաննէս նայեցաւ վեր՝ երկինքի մէջ, եւ հոն տեսաւ հրեշտակներ, բայց ոչ մարդիկ: Ան նայեցաւ վար՝ երկրի վրայ, եւ հոն տեսաւ Ադամի սերունդը, բոլորն ալ միայն մեղաւորներ, որոնք սահմանուած էին երթալու դժոխք, եւ արարածներ՝ որոնք Սատանային կը պատկանէին: Յովհաննէս առաքեալ դառնապէս լացաւ ու լացաւ, որովհետեւ չէր գտնուեր որեւէ մէկը, որ որակեալ ըլլար երկրի ազատագրման օրէնքին համաձայն (4-րդ համար):

Յետոյ, երէցներէն մէկը մխիթարեց Յովհաննէսը եւ ըսաւ անոր. «Մի՛ լար, ահա Յուդային ցեղէն եղող Առիւծը, Դաւիթին Արմատը, յաղթեց եւ որ այն գիրքը պիտի բանայ ու անոր եօթը կնիքները պիտի քակէ (5-րդ համար): Հոս, «Յուդային ցեղէն եղող Առիւծը, Դաւիթին Արմատը» ըսելով կ'ակնարկէ Յիսուսին, որ Յուդայի ցեղէն է եւ Դաւիթի տունէն. Յիսուս Քրիստոս որակեալ է ըլլալու Փրկիչը՝ երկրի ազատագրման օրէնքին համեմատ:

Մատթէոս 1.18-21-ի մէջ, մենք կը գտնենք մեր Տէրոջը ծնունդին մանրամասն հաշուեցոյցը.

Յիսուս Քրիստոսի ծնունդը այս կերպով եղաւ: Անոր մայրը Մարիամ Յովսէփին նշանուած, դեռ իրարու քով չեկած՝ Սուրբ Յոգիէն յղացած գտնուեցաւ: Յովսէփ՝ անոր այրը՝ արդար մարդ ըլլալով ու չուզելով որ զանիկա խայտառակ ընէ, մտածեց որ ծածկաբար արձակէ զանիկա: Եւ երբ անիկա այս բանը կը մտածէր, ահա Տէրոջը հրեշտակը երազի մէջ երեւցաւ անոր ու ըսաւ. «Յո՛վսէփ, Դաւիթի որդի, մի՛ վախնար Մարիամը իբր կին առնելէ, վասն զի անոր ներսիդին ծնածը Սուրբ Յոգիէն է: Ան որդի մը պիտի ծնանի, Անոր անունը Յիսուս պիտի դնես, քանզի Անիկա իր ժողովուրդը իրենց մեղքերէն պիտի փրկէ»:

Աստուծոյ միածին Որդւոյն՝ Յիսուս Քրիստոսին Կոյս Մարիամի արգանդին միջոցաւ որպէս մարմին (Յովհաննու 1.14) այս աշխարհը գալուն պատճառը այն է՝ որովհետեւ Յիսուս պէտք էր մարդ մը ըլլար, բայց ո՛չ Ադամի սերունդ, որպէսզի Ան որակեալ ըլլար, երկրի ազատագրման օրէնքին համաձայն:

Երրորդ, փրկիչը պէտք է զօրութիւն ունենայ:

Երեւակայեցէք որ կրտսեր եղբայր մը կ'աղքատանայ ու իր հողը կը ծախէ, եւ իր աւագ եղբայրը կ'ուզէ փրկել այդ հողը իր կրտսեր եղբօրը համար: Ուրեմն, մեծ եղբայրը պէտք է բաւականաչափ միջոցներ ձեռք ձգէ որպէսզի կարենայ իր կրտսեր եղբօրը հողը փրկել (Ղեւտացւոց 25.26): Նմանապէս, եթէ կրտսեր եղբայրը պարտքի տակ է եւ անոր մեծ եղբայրը կ'ուզէ վճարել իր պարտքը, աւագ եղբայրը կրնայ այդ ընել երբ ինք «բաւարար միջոցներ» ունի, եւ ոչ թէ պարզապէս բարի մտադրութեամբ:

Նոյն իմաստով, որպէսզի կարելի ըլլայ մեղաւոր մը կերպարանափոխել եւ զայն արդար մարդու վերածել, անհրաժեշտ են «բաւարար միջոցներ» կամ զօրութիւն: Յիս, երկիրը ազատագրելու կամ փրկելու զօրութիւնը կ'ակնարկէ բոլոր մարդիկը իրենց մեղքերէն փրկելու զօրութեան: Այլ խօսքով, բոլոր մարդոց Փրկիչը, որ երկրի ազատագրման օրէնքին համեմատ արժանի ու որակեալ անձ մըն է, չկրնար որեւէ մեղք ունենալ եւ պէտք չէ որեւէ մեղք գտնուի իր մէջ:

Որովհետեւ Յիսուս Քրիստոս Ադամի սերունդ չէ, Անիկա նախնական մեղք չունի: Ոչ ալ Յիսուս որեւէ ինքնակամ մեղքեր գործած է, որովհետեւ Անիկա բոլոր օրէնքը գործադրեց երկրի վրայ իր 33 տարուայ կեանքի ընթացքին: Յիսուս Իր ծնունդէն ետք ութերորդ օրը թլփատուեցաւ, եւ Իր երեք-տարուայ հոգեւոր ծառայութենէն առաջ, Յիսուս կատարելապէս հնազանդեցաւ եւ չափազանց շատ սիրեց Իր ծնողները, եւ մեծ նուիրումով կատարեց ու պահեց բոլոր պատուիրանքները:

Այդ է պատճառը որ Եբրայեցիս 7.26-ը մեզի կ'ըսէ. «Վասն զի մեզի ճիշդ այսպիսի քահանայապետ մը կը վայլէր, սուրբ, անմեղ, անարատ, մեղաւորներէն զատուած ու երկնքէն վեր բարձրացած»: Ա. Պետրոս 2.22-23 կ'ըսէ. «Ան [Քրիստոս] մեղք չգործեց ու Իր բերնին մէջ նենգութիւն չգնուեցաւ: Բայց կը նախատուէր եւ փոխարէնը չէր նախատեր, կը չարչարուէր ու սպառնալիք չէր ըներ. հապա Ինքզինք արդար Դատաւորին կը յանձնէր»:

Չորրորդ, փրկիչը պէտք է սէր ունենայ:

Որպէսզի երկրի ազատագրումը կատարուի եւ ամբողջանայ, վերը յիշուած նախկին երեք պայմաններէն զատ, նաեւ փրկիչէն սէր կը պահանջուի: Առանց սիրոյ, աւագ եղբայր մը, որ կարող է իր կրտսեր եղբօր համար անոր հողը փրկել, պիտի չփրկէ այդ հողը: Նոյնիսկ եթէ աւագ եղբայրը ամենէն հարուստ մարդն է երկրին մէջ, մինչ անոր կրտսեր եղբայրը աստղաբանական քանակութեամբ ահագին պարտք ունի, առանց սիրոյ, աւագ եղբայրը պիտի չօգնէ իր կրտսեր եղբօրը: Այդ պարագային, աւագ եղբօրը զօրութիւնը եւ հարստութիւնը ի՞նչ օգուտ պիտի ունենայ իր կրտսեր եղբօրը համար:

Հռութայ Գիրքին 4-րդ գլխուն մէջ կը գտնենք Բոոսի պատմութիւնը, որ շատ լաւ տեղեակ էր այն վիճակին՝ որուն մէջ Հռութ եւ Նոյեմի կը գտնուէին: Երբ Բոոս «ազգական-փրկիչին» հարցուց Նոյեմիին ժառանգութիւնը փրկելու մասին, ազգական-փրկիչը պատասխանեց. «Ես իմ ազգականութեանս իրաւունքը չեմ կրնար կատարել, չըլլայ որ իմ ժառանգութիւնս աւրեմ: Իմ ունեցած ազգականութեանս իրաւունքս դուն կատարէ, քանզի ես չեմ կրնար կատարել» (6-րդ համար): Յետոյ, Բոոս, իր յորդառատ սիրովը, Նոյեմիին համար փրկեց հողը: Անկէ ետք, Բոոս մեծապէս օրհնուեցաւ՝ դառնալով Դաւիթի նախահայրը:

Յիսուս, որ աշխարհ եկաւ մարմնով, Ադամի սերունդէն չէր, որովհետեւ Ան Սուրբ Հոգիէն յղացուեցաւ եւ որեւէ մեղք չգործեց: Հետեւաբար, մեզ փրկելու համար, Յիսուս ունէր պէտք եղած «բաւարար միջոցները»: Ամէն պարագայի, եթէ Յիսուս սէր ունեցած չըլլար, Ան պիտի չկրնար կրել խաչելութեան մղձաւանջը: Տակաւին, Յիսուս այնքան լեցուն էր սիրով, որ Անիկա յանձն առաւ խաչը ու խաչուեցաւ պարզ արարածներու կողմէ, Իր արիւնը թափեց, եւ փրկեց մարդկութիւնը, այսպիսով բանալով փրկութեան ճամբան: Այս է արդիւնքը մեր Հայր Աստուծոյ անչափելի սիրոյն եւ Յիսուս Քրիստոսի զոհողութեան, որ հնազանդ էր՝ մինչեւ իսկ մահուան աստիճան:

Պատճառը՝ որ Յիսուս Ծառի մը վրայ Կախուեցաւ

Ինչո՞ւ համար Յիսուս փայտէ խաչի մը վրայ կախուեցաւ: Ասիկա եղաւ լրացնելու համար հոգեւոր աշխարհի օրէնքը, որ կը հրահանգէ թէ «Քրիստոս մեզ ծախու առաւ օրէնքին անէծքէն՝ Ինք մեզի համար անիծուեցաւ. (վասն զի գրուած է թէ՝ 'Անիծեալ է ան՝ որ փայտէ կը կախուի'» (Գաղատացիս 3.13): Յիսուս մեր տեղը ծառի մը վրայ կախուեցաւ, որպէսզի կարենար «օրէնքին անէծքէն» փրկել մեզ՝ մեղաւորներս:

Ղեւտացւոց 17.11 մեզի կ'ըսէ. «Վասն զի մարմնին կենդանութիւնը արեան մէջ է եւ ես ձեզի տուի զայն, որպէս զի սեղանին վրայ ձեր հոգիներուն համար քաւութիւն ընէք. քանզի հոգիին համար քաւութիւն ընողը արիւնն է»: Եբրայեցիս 9.22-ի մէջ կը կարդանք. «Գրեթէ ամէն բան արիւնով կը մաքրուի օրէնքին նայելով ու արիւն չթափուած թողութիւն չըլլար»: Արիւնը կեանք է, որովհետեւ առանց արիւն թափուելու «թողութիւն չըլլար»: Յիսուս Իր անարատ եւ թանկագին արիւնը թափեց որպէսզի մենք կեանք ունենանք:

Աւելին, խաչին վրայ Յիսուսի կրած տանջանքին միջոցաւ, հաւատացեալներ ազատ կ'արձակուին հիւանդութիւններու, անկարողութիւններու, աղքատութեան, եւ նման բաներու անէծքէն: Որովհետեւ Յիսուս երկրի վրայ ապրած ժամանակ աղքատութեան մէջ ապրեցաւ, այդպիսով Ան մեր աղքատութիւնը հոգաց: Որովհետեւ Յիսուս խարազանուեցաւ, անոր համար մենք ազատագրուած ենք մեր բոլոր հիւանդութիւններէն: Որովհետեւ Յիսուս Իր գլխուն վրայ փուշէ պսակը կրեց, այդպիսով Ան փրկեց մեզ այն մեղքերէն՝ որ մենք կը գործենք մեր խորհուրդներով: Որովհետեւ Յիսուս գամուեցաւ Իր ձեռքերուն եւ ոտքերուն վրայ, ուրեմն Ան փրկեց մեզ բոլոր այն մեղքերէն՝ զոր մենք կը գործենք մեր ձեռքերով եւ ոտքերով:

Տէրոջը Հաւատալ կը Նշանակէ Փոխուիլ՝ դառնալով Ճշմարտութեան

Մարդիկ որոնք ճշմարտապէս կը հասկնան խաչին նախասահմանութիւնը եւ կը հաւատան Անոր՝ իրենց սրտին խորերէն, պիտի ձերբազատուին մեղքերէ եւ Աստուծոյ կամքով պիտի ապրին: Ինչպէս Յիսուս Յովհաննու 14.23-ի մէջ մեզի կ'ըսէ. «Եթէ մէկը Զիս կը սիրէ, Իմ խօսքս պիտի պահէ ու Իմ Հայրս զանիկա պիտի սիրէ եւ անոր պիտի գանք ու անոր քով օթեւան պիտի ընենք», այսպիսի անհատները Աստուծոյ սէրը եւ օրհնութիւնները պիտի ստանան:

Ուրեմն ինչո՞ւ համար մարդիկ, որոնք իրենց հաւատքը կը դաւանին Տէրոջը մէջ, աղօթքի պատասխաններ չեն ստանար եւ կ'ապրին փորձութիւններու ու տառապանքներու մէջ: Պատճառը այն է՝ որովհետեւ, նոյնիսկ եթէ անոնք կրնան ըսել թէ իրենք կը հաւատան Աստուծոյ, Աստուած անոնց հաւատքը ճշմարիտ հաւատք չի սեպեր: Այս կը նշանակէ թէ՝ հակառակ որ անոնք լսած են Աստուծոյ խօսքը, բայց եւ այնպէս անոնք չեն ձերբազատուած իրենց մեղքերէն եւ չեն փոխուած՝ դառնալով ճշմարտութեան:

Օրինակի համար, կան անհամար թիւով հաւատացեալներ, որոնք չեն հնազանդիր Տասը Պատուիրանքներուն, այսինքն՝ Քրիստոսի մէջ ապրելու հիմնական հրահանգներուն: Այսպիսի անհատներ կը գիտակցին Աստուծոյ պատուէրին, օրինակ՝ «Յիշէ Շաբաթ օրը եւ զանիկա սուրբ պահէ», բայց եւ այնպէս, անոնք միայն առտուայ պաշտամունքը կը յաճախեն եւ կամ ամբողջովին որեւէ արարողութիւն չեն յաճախեր, եւ իրենց անձնական գործը կ'ընեն Տէրոջը օրուան մէջ: Անոնք գիտեն թէ պէտք է տասանորդներ տան, բայց որովհետեւ դրամը շատ սիրելի է իրենց համար, ուստի տասանորդները լման չեն տար: Երբ Աստուած մասնայատուկ կերպով մեզի ըսած է թէ տասանորդներ չտալը Զինք «կողոպտել» կը նշանակէ, ուրեմն անոնք ի՞նչպէս կրնան պատասխաններ եւ օրհնութիւններ ստանալ Աստուծմէ (Մաղաքեայ 3.8):

Յետոյ, կան հաւատացեալներ որոնք ուրիշներուն սխալները կամ յանցանքները չեն ներեր: Անոնք կը բարկանան եւ ծրագիրներ կը մշակեն որպէսզի դիմացինին վերադարձնեն նոյն աստիճանի չարութեամբ: Ոմանք խոստումներ կը կատարեն, սակայն դարձեալ ու դարձեալ կը կտրեն իրենց խոստումները, մինչ ուրիշներ՝ կը դատապարտեն եւ կ'ողբան, ճիշդ ինչպէս որ աշխարհային մարդիկը կ'ընեն: Ուրեմն իրենց համար ի՞նչպէս կրնայ ըսուիլ թէ իրենք ճշմարիտ հաւատք ունին:

Եթէ ճշմարիտ հաւատք ունինք, մենք պէտք է ջանանք բոլոր բաները Աստուծոյ կամքին համաձայն ընել, պէտք է խուսափինք ամէն տեսակի չարութենէ եւ նմանինք մեր Տէրոջը, որ Իր իսկ կեանքը զոհեց մեզի՝ մեղաւորներուս համար: Այսպիսի մարդիկ կրնան ներել եւ սիրել այն անձերը՝ որոնք կ'ատեն ու կը վիրաւորեն զիրենք, եւ անոնք միշտ ուրիշներուն համար կը ծառայեն ու կը զոհեն ինքզինքնին:

Երբ կը ձերբազատուիս բարկութեան գրգռուելէ, այն ատեն դուն պիտի կերպարանափոխուիս՝ դառնալով ազնիւ անձ մը, որուն շրթունքները միայն բարութեան եւ ջերմութեան խօսքեր պիտի արտասանէ: Եթէ նախապէս դուն ամէն մէկ առիթի մէջ կը գանգատէիր, ճշմարիտ հաւատքի միջոցաւ դուն պիտի դառնաս եւ շնորհակալութիւն պիտի յայտնես ամէն պարագաներու մէջ, եւ շնորհք պիտի բաժնեկցիս բոլոր քու շուրջդ գտնուողներուն հետ:

Եթէ մենք ճշմարտապէս հաւատանք Տէրոջը, մեզմէ իւրաքանչիւրը պէտք էր Իրեն նմանի եւ կերպարանափոխուած կեանք մը առաջնորդէ: Այս ձեւով է որ մենք Աստուծոյ պատասխանները եւ օրհնութիւնները կը ստանանք:

Թուղթ առ Եբրայեցիս 12.1-2 մեզի հետեւեալը կ'ըսէ.

Ուստի մենք ալ, որ այսչափ վկաներու բազմութեամբ շրջապատուած ենք, ամէն ծանրութիւն մեր վրայէն մէկդի ձգենք եւ մեզ դիւրաւ պաշարող մեղքը: Համբերութիւնով վազենք մեր առջեւ դրուած ասպարէզի ընթացքը: Յիսուսին նայինք՝ մեր հաւատքին առաջնորդին ու կատարողին, որ Իր առջեւ կեցած ուրախութեանը համար խաչը յանձն առաւ, ամօթը արհամարհեց ու Աստուծոյ աթոռին աջ կողմը նստաւ:

Հաւատքի բազմաթիւ նախահայրերէն զատ, որոնք կը գտնենք Աստուածաշունչին մէջ, մեր շուրջը գտնուողներուն միջեւ կան շատ մարդիկ՝ որոնք փրկութիւն եւ օրհնութիւններ ստացած են՝ մեր Տէրոջը մէջ իրենց ունեցած հաւատքով:

Ուստի մենք ալ, «այսչափ շատ վկաներու բազմութեամբ

շրջապատուած» ըլլալով, թող որ ճշմարիտ հաւատքի տիրանանք: Թող ամէն ծանրութիւն եւ ամէն արգելք մեր վրայէն մէկդի նետենք, նաեւ մեզ դիւրաւ պաշարող մեղքը, եւ ջանք թափենք նմանելու մեր Տէրոջը: Միայն այն ատեն է որ, ճիշդ ինչպէս Յիսուս Յովհաննու 15.7 մեզ կը խոստանայ ըսելով. «Եթէ դուք Իմ մէջս կենաք եւ Իմ խօսքերս ալ ձեր մէջ կենան, ի՛նչ որ ուզէք՝ պիտի խնդրէք ու պիտի ըլլայ ձեզի», մեզմէ ամէն մէկը պիտի առաջնորդէ այնպիս կեանք մը՝ որը լեցուն է Աստուծոյ պատասխաններով եւ օրհնութիւններով:

Եթէ դուն տակաւին այսպիսի կեանք մը չես առաջնորդեր, ետեւդ դարձիր ու նայէ քու կեանքիդ, սիրտդ պատռէ եւ ապաշխարէ ու զղջայ՝ Տէրոջը շիտակ ձեւով հաւատացած չըլլալուդ համար, եւ որոշէ որ միայն Աստուծոյ խօսքով պիտի ապրիս:

Թող ձեզմէ իւրաքանչիւրը ճշմարիտ հաւատքի տիրանայ, Աստուծոյ զօրութեան փորձառութիւնը ունենայ, եւ մեծապէս փառաւորէ Զինք՝ աղօթքով ստացած ձեր բոլոր պատասխաններով եւ օրհնութիւններով. Տէր Յիսուս Քրիստոսի անունով ես կ'աղօթեմ...

Պատգամ 3

Գոհարեղէնէ մը Աւելի Գեղեցիկ Անօթ մը

Բ. Տիմոթէոս 2.20-21

Մեծ տան մը մէջ ոչ միայն
ոսկիէ ու արծաթէ ամաններ կան,
հապա փայտէ ու հողէ ամաններ ալ կան:
Ոմանք պատիւի համար են
ու ոմանք՝ անարգանքի համար:
Ուստի եթէ մէկը իր անձը անարգ բաներէ մաքրէ,
անիկա պատուական անօթ մը պիտի ըլլայ,
սրբուած ու իր Տէրոջը պիտանի,
ամէն բարի գործերու համար պատրաստուած:

Աստուած մարդկութիւնը ստեղծեց որպէսզի կարենայ ճշմարիտ զաւակներ ինձել, որոնց հետ Ինք պիտի կարողանայ ճշմարիտ սէր բաժնեկցիլ: Այսուհանդերձ, մարդիկ մեղանչեցին, իրենց ստեղծագործութեան ճշմարիտ նպատակէն շեղելով, եւ դարձան թշնամի Բանսարկու Սատանայի գերիները (Հռովմայեցիս 3.23): Ամենայնդէպս, սիրոյ Աստուածը չդադրեցաւ ճշմարիտ զաւակներ ինձելու Իր նպատակէն: Աստուած փրկութեան ճամբան բացաւ մարդկութեան համար, որոնք կը լողային մեղքի մէջ: Աստուած Իր մէկ հատիկ միածին Որդին՝ Յիսուսը խաչը հանեց, որպէսզի կարենայ բոլոր մարդիկը փրկել իրենց մեղքերէն:

Աստուծոյ այս հիանալի սիրովը, որ կ'ընկերակցէր մեծ զոհողութեան մը հետ, փրկութեան ճամբան բացուեցաւ որեւէ մէկու մը համար՝ որ կը հաւատայ Յիսուս Քրիստոսի: Որեւէ մէկը որ իր սրտին մէջ կը հաւատայ թէ Յիսուս մեռաւ եւ երրորդ օրը գերեզմանէն դարձեալ յարութիւն առաւ, եւ եթէ այդ անձը իր շրթունքներով կը խոստովանի թէ Յիսուս իր Փրկիչն է, Աստուծոյ զաւակ ըլլալու իրաւունքը կը տրուի անոր:

Աստուծոյ Սիրելի Զաւակները Կը Նմանցուին «Անօթներու»

Ինչպէս Բ. Տիմոթէոս 2.20-21-ի մէջ կը կարդանք, որ կ'ըսէ.

«Մեծ տան մը մէջ ոչ միայն ոսկիէ ու արծաթէ ամաններ կան, հապա փայտէ ու հողէ ամաններ ալ կան։ Ոմանք պատիւի համար են ու ոմանք՝ անարգանքի համար։ Ուստի եթէ մէկը իր անձը անարգ բաներէ մաքրէ, անիկա պատուական անօթ մը պիտի ըլլայ, սրբուած ու իր Տէրոջը պիտանի, ամէն բարի գործերու համար պատրաստուած», անօթի մը նպատակը իր մէջ առարկաներ պարունակելն է։ Աստուած իր զաւակները կը նմանցնէ «անօթներու», որովհետեւ անոնց մէջ ինք կրնայ իր սէրը եւ շնորհքը լեցնել, եւ իր խօսքը՝ որ ճշմարտութիւնն է, ինչպէս նաեւ իր զօրութիւնը եւ իշխանութիւնը։ Ուրեմն, մենք պէտք է անդրադառնանք թէ՝ մեր պատրաստած անօթներու տեսակին համեմատ է որ մենք կրնանք վայելել ամէն տեսակի լաւ նուէրներ, բարիքներ եւ օրհնութիւններ, որ Աստուած պատրաստած է մեզի համար։

Ուրեմն ի՞նչ տեսակի անօթ մըն է այն անհատը, որ իր մէջ կրնայ պարունակել այդ բոլոր օրհնութիւնները որ Աստուած պատրաստած է։ Անիկա այնպիսի անօթ մըն է՝ որուն Աստուած թանկագին, ազնուական, եւ գեղեցիկ կը սեպէ։

Առաջին, «թանկագին» անօթը այն մէկն է՝ որ կատարելապէս կ՚ամբողջացնէ իր Աստուածատուր պարտականութիւնը։ Յովհաննէս Մկրտիչ, որ մեր Տէրոջը՝ Յիսուսի ճամբան բացաւ, եւ Մովսէս, որ Իսրայէլացիները Եգիպտոսէն դուրս առաջնորդեց, այս դասակարգին կը պատկանին։

Յաջորդը, «ազնուական» անօթը այն մէկն է՝ որ ունի այսպիսի բարեմասնութիւններ՝ ինչպէս՝ պարկեշտութիւն, ճշմարտասիրութիւն, վճռակամութիւն եւ հաւատարմութիւն, որոնք բոլորն ալ հազուագիւտ են սովորական մարդոց մէջ: Յովսէփ եւ Դանիէլ այս դասակարգին կը պատկանին: Անոնք երկուքն ալ կը գրաւէին այնպիսի դիրք մը՝ որ կը հաւասարէր հզօր երկիրներու մէջ վարչապետի պաշտօնին, եւ անոնք երկուքն ալ մեծապէս փառաւորեցին զԱստուած:

Վերջապէս, Աստուծոյ առջեւ «գեղեցիկ» անօթը այն մէկն է՝ որ բարի սիրտ մը ունի, որ բնաւ չվիճաբանիր կամ չկռուիր, այլ ճշմարտութեամբ կ'ընդունի եւ կը հանդուրժէ բոլոր բաները: Եսթեր, որ իր հայրենակիցները փրկեց, եւ Աբրահամ, որ Աստուծոյ «ընկերը» կոչուած էր, այս դասակարգին կը պատկանին:

«Գոհարեղէնէ մը աւելի թանկագին անօթ մը» այն անհատն է՝ որ ունի այն բոլոր բարեմասնութիւնները, որով Աստուծոյ կողմէ ան կը նկատուի ըլլալ թանկագին, ազնուական, եւ գեղեցիկ: Գոհարեղէն մը, որ խիճերուն մէջ պահուած է, անմիջապէս կը նշմարուի: Նմանապէս, Աստուծոյ բոլոր մարդիկը, որոնք գոհարեղէններէն աւելի գեղեցիկ են, անկասկածօրէն կը նշմարուին:

Գոհարեղէններուն մեծ մասը մեծածախս եւ սուղ են՝ իրենց մեծութեան չափին համեմատ, բայց անոնց շողշողուն ըլլալը եւ անոնց այլազան եւ սակայն իւրայատուկ գոյները կը գրաւեն այն մարդիկը՝ որոնք գեղեցկութեան կը հետեւին: Ամէն պարագայի, ոչ բոլոր շողշողուն քարերը գոհարեղէններ կը սեպուին: Իսկական գոհարեղէնները պէտք է նաեւ ունենան մասնայատուկ գոյն եւ փայլք, ինչպէս նաեւ ֆիզիքական հաստատունութիւն: Յոս, «ֆիզիքական հաստատունութիւն» ըսելով կը վերագրուի ատաղձին կարողութեան՝ տոկալու բարձր ջերմաստիճանի, առանց ապականուելու ուրիշ նիւթերու հետ շփուելէն, եւ պահպանելու իր կերպարանքը: Ուրիշ կարեւոր ազդակ մը՝ անոր հազուագիւտ ըլլալն է:

Եթէ կայ անօթ մը՝ հոյակապ փայլունութեամբ, ֆ ի զ ի ք ա կ ա ն   հ ա ս տ ա տ ո ւ ն ո ւ թ ե ա մ բ, եւ հազուագիւտութեամբ, անիկա ո՛րքան թանկագին, ազնուական, եւ գեղեցիկ անօթ մը պիտի ըլլայ: Աստուած կը փափաքի որ Իր զաւակները դառնան այնպիսի անօթներ՝ որոնք աւելի գեղեցիկ են քան գոհարեղէնները, եւ կ՚ուզէ որ անոնք օրհնեալ կեանքեր ապրին: Երբ Աստուած այսպիսի անօթներ կը յայտնաբերէ, Անիկա առատօրէն Իր սիրոյ եւ հրճուանքի նշանները կը թափէ անոնց վրայ:

Ի՞նչպէս կրնանք գոհարեղէններէ աւելի գեղեցիկ անօթներ դառնալ Աստուծոյ աչքին:

Առաջին, դուն պէտք է քու սրտիդ սրբագործումը յաջողցնես Աստուծոյ խօսքով, որ ինքնին ճշմարտութիւնն է:

Որպէսզի անօթ մը կարենայ գործածուիլ իր հիմնական նպատակին համար, ամէն բանէ աւելի անիկա պէտք է որ մաքուր ըլլայ: Նոյնիսկ ոսկիէ թանկագին անօթ մը չկրնար գործածուիլ՝ եթէ արատաւորուած է եւ գէշ հոտով դրոշմուած: Միայն երբ այս թանկագին ոսկիէ անօթը ջուրով մաքրուի, այն ատեն է որ անիկա կը գործածուի իր նպատակին համեմատ:

Նոյն օրէնքը կը բանեցուի Աստուծոյ զաւակներուն վրայ:

Աստուած Իր զաւակներուն համար յորդառատ օրհնութիւններ պատրաստած է, նաեւ զանազան նուէրներ, հարստութեան ու առողջութեան օրհնութիւններ, եւ նման բաներ: Որպէսզի կարենանք ստանալ այդ օրհնութիւնները եւ նուէրները, մենք պէտք է սկիզբը ինքզինքնիս պատրաստենք որպէս մաքուր անօթներ:

Երեմեայ 17.9-ի մէջ մենք կը գտնենք, որ կ'ըսէ. «Սիրտը ամէն բանէ աւելի խաբեբայ ու խիստ չար է, զանիկա ո՞վ կրնայ գիտնալ»: Նաեւ, Մատթէոս 15.18-19-ի մէջ մենք կը գտնենք որ Յիսուս կ'ըսէ. «Իսկ բերնէն ելած բաները սրտէն յառաջ կու գան եւ անոնք կը պղծեն մարդը: Վասն զի սրտէն կ'ելլեն չար խորհուրդներ, սպանութիւններ, շնութիւններ, պոռնկութիւններ, գողութիւններ, սուտ վկայութիւններ ու հայհոյութիւններ»: Ուրեմն, մեր սրտերը մաքրելէն ետքը միայն մենք կրնանք մաքուր անօթներ դառնալ: Անգամ մը որ անօթը մաքուր ըլլայ, այն ատեն մեզմէ ոչ մէկը երբեւիցէ «չար խորհուրդներ» պիտի ունենայ, չար բառեր պիտի արտասանէ, կամ չար արարքներ պիտի կատարէ:

Մեր սրտերուն մաքրութիւնը կարելի կ'ըլլայ միայն հոգեւոր ջուրով, այսինքն՝ Աստուծոյ խօսքով: Այդ է պատճառը որ Եփեսացիս 5.26-ի մէջ Աստուած մեզ կը մղէ՝ «որպէսզի սրբէ ու մաքրէ [մեզ] աւազանին ջրովը ու խօսքով», եւ Եբրայեցիս 10.22-ի մէջ Աստուած մեզմէ իւրաքանչիւրը կը քաջալերէ որ «մօտենանք ճշմարիտ սրտով, լեցուն հաւատքով, սրտերնիս չար խիղճէն մաքրուած ու մարմիննիս մաքուր ջրով լուացուած»:

Ուրեմն, հոգեւոր ջուրը -Աստուծոյ խօսքը- մեզ ի՞նչպէս կը

մաքրէ: Մենք պէտք է հնազանդինք զանազան պատուէրներու, որոնք կը գտնուին Աստուածաշունչին վաթսուն-վեց գիրքերուն մէջ, եւ որոնք մեր սրտերը «մաքրելու» կը ծառայեն: Հնազանդելով այսպիսի պատուէրներու, ինչպէս՝ «Մի ըներ»ներու եւ «Մէկդի նետէ»ներու, ի վերջոյ մեզ պիտի առաջնորդէ որ մենք ձերբազատուինք այն բոլոր բաներէն՝ որոնք մեղսալից եւ չար են:

Անոնք որոնք Աստուծոյ խօսքով իրենց սրտերը մաքրած են, անոնց վերաբերմունքը նոյնպէս պիտի փոխուի եւ անոնք Քրիստոսի լոյսով պիտի լուսաւորեն իրենց շրջակայքը: Ամէն պարագայի, Աստուծոյ խօսքին հնազանդիլը չի կրնար իրագործուիլ մէկու մը իր անձնական զօրութեամբ կամ իր կամքի ուժով միայն. Սուրբ Հոգին է որ պէտք է ուղղէ եւ օգնէ իրեն:

Երբ մենք կը լսենք ու կը հասկնանք Խօսքը, երբ մեր սրտերը կը բանանք եւ կ'ընդունինք Յիսուսը որպէս մեր Փրկիչը, Աստուած Սուրբ Հոգին կու տայ մեզի որպէս պարգեւ: Սուրբ Հոգին կը բնակի այն մարդոց մէջ՝ որոնք կ'ընդունին Յիսուսը որպէս իրենց Փրկիչը, եւ կ'օգնէ անոնց որ լսեն ու հասկնան ճշմարտութեան խօսքը: Աստուածաշունչը մեզի կ'ըսէ թէ՝ «Մարմինէն ծնածը մարմին է ու Հոգիէն ծնածը հոգի է» (Յովհաննու 3.6): Աստուծոյ զաւակները, որոնք Սուրբ Հոգին կը ստանան որպէս պարգեւ, կրնան ամէն օր ինքզինքնին մեղքէ եւ չարութենէ ձերբազատել՝ Սուրբ Հոգիին զօրութեամբ, եւ կը դառնան հոգեւոր մարդիկ:

Արդե՞օք ձեզմէ որեւէ մէկը կը մտահոգուի, կամ վախով

կը տարակուսի խորհելով. «Ես ի՞նչպէս պիտի պահեմ այդ բոլոր պատուիրանքները»:

Ա. Յովհաննու 5.2-3 մեզ կը յիշեցնէ ըսելով. «Ասով կը ճանչնանք թէ Աստուծոյ որդիները կը սիրենք, երբ Աստուած սիրենք ու Անոր պատուիրանքները պահենք: Վասն զի ասիկա է Աստուծոյ սէրը, որ Անոր պատուիրանքները պահենք եւ Անոր պատուիրանքները ծանր բան չեն»: Եթէ դուն քու ամբողջ սրտովդ խորապէս կը սիրես Աստուած, այն ատեն Իր պատուիրանքները պահելը դժուար չի կրնար ըլլալ:

Երբ ծնողներ ծնունդ կու տան իրենց զաւակներուն, անոնք իրենց զաւկին ամէն մէկ երեւոյթին հոգ կը տանին, ներառեալ անոնց ուտելիքը, հագուելիքը, լոգանքը, եւ նման բաներ: Միւս կողմէն, եթէ ծնողները կը խնամեն զաւակ մը՝ որ իրենցը չէ, այդ կրնայ ծանր թուիլ իրենց: Իսկ իրենց զաւակը եթէ նոյնիսկ կէս-գիշերին կ'արթննայ եւ կու լայ, ծնողները նեղութիւն կամ ձանձրոյթ չեն զգար. անոնք պարզապէս չափազանց շատ կը սիրեն իրենց զաւակը: Սիրելիի մը համար բան մը ընելը մեծ ուրախութեան եւ ցնծութեան աղբիւր մըն է. անիկա դժուար կամ ձանձրացուցիչ չէ: Նոյն իմաստով, եթէ մենք ճշմարտապէս կը հաւատանք թէ Աստուած մեր հոգիներուն հայրն է, եւ թէ Աստուած Իր անսահման սիրովը Իր մէկ հատիկ ու միածին Որդին տուաւ որպէսզի մեզի համար խաչուի, ուրեմն մենք ի՞նչպէս կրնանք չի սիրել Զինք: Աւելին, եթէ մենք կը սիրենք զԱստուած, այն ատեն Իր խօսքով ապրիլը դժուար պիտի չըլլայ մեզի համար: Ընդհակառակը, շատ դժուար եւ չափազանց ցաւալի պիտի ըլլայ երբ մենք Աստուծոյ խօսքով չենք ապրիր կամ երբ չենք հնազանդիր Իր կամքին:

Ես եօթը տարի շարունակ տառապեցայ զանազան հիւանդութիւններէ, մինչեւ որ իմ մեծ քոյրս Աստուծոյ սրբարան մը տարաւ ինծի: Այն վայրկեանին որ ես ծունկի եկայ այդ սրբարանին մէջ, Սուրբ Հոգիին կրակը ստացայ, եւ իմ բոլոր հիւանդութիւններէս բժշկուելով ես հանդիպեցայ կենդանի Աստուծոյն: Ասիկա պատահեցաւ 1974 թուի Ապրիլ 17-ին: Անկէ յետոյ, ես սկսայ ամէն տեսակ պաշտամունքի արարողութիւններ յաճախել, կատարեալ երախտագիտութեամբ՝ Աստուծոյ շնորհքին նկատամբ: Այդ տարուան Նոյեմբերին, առաջին անգամ ըլլալով ես ներկայ եղայ արթնութեան ժողովի մը, որուն ընթացքին ես սկսայ սերտել Աստուծոյ Խօսքը, որ մէկու մը՝ Քրիստոսի մէջ իր կեանքին հիմնական սկզբունքներն են.

«Ահ, այս է թէ ինչ կը հաւնի Աստուած...»
«Ես պէտք է բոլոր մեղքերէս ձերբազատուիմ»
«Ա՛յս է որ կը պատահի երբ ես կը հաւատամ»
«Ես պէտք է ձգեմ ծխելը եւ խմելը»
«Ես պէտք է շարունակ աղօթեմ»:
«Տասանորդներ տալը պարտաւորիչ է,
եւ ես պէտք չէ Աստուծոյ քով պարապ
ձեռքով գամ»:

Ամբողջ շաբաթը շարունակ ես խօսքը կը լսէի իմ սրտիս մէջ միայն «Ամէն» ըսելով:

Արթնութեան այդ ժողովէն յետոյ, ես ձգեցի ծխելը ու

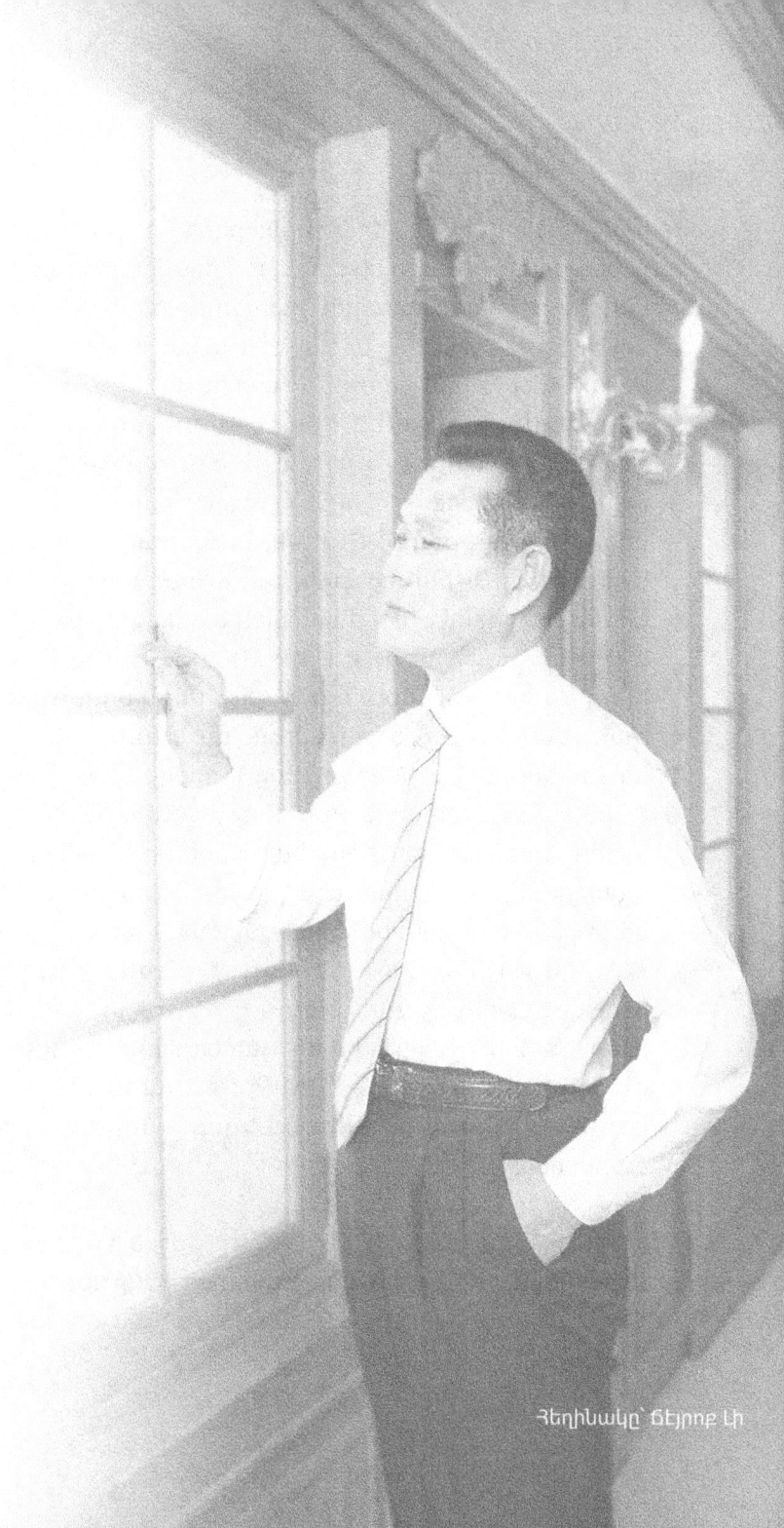

Հեղինակը՝ Ճեյրոք Լի

խմիչք խմելը, եւ սկսայ տասանորդներ ու շնորհակալական ընծաներ տալ: Նաեւ, ես սկսայ առտու կանուխ արեւածագի ատեն աղօթել եւ աստիճանաբար դարձայ աղօթքի մարդ մը: Ես ճիշդ ինչպէս որ սորված էի՝ այնպէս ալ կատարեցի, եւ սկսայ նաեւ Աստուածաշունչը կարդալ:

Ես երկվայրկեանի մը մէջ Աստուծոյ զօրութեամբ բժշկուեցայ իմ բոլոր հիւանդութիւններէս եւ տկարութիւններէս, որոնցմէ ոչ մէկը կրցած էի աշխարհային միջոցներով բժշկել: Ուրեմն, ես կրցայ լման հաւատալ Աստուածաշունչին մէջ գտնուող իւրաքանչիւր համար եւ գլուխ: Որովհետեւ այդ ժամանակ ես տակաւին սկսնակ մըն է ի հաւատքի մէջ, կային Սուրբ Գրային կարգ մը հատուածներ եւ մասեր որոնք չէի կրնար դիւրիւթեամբ հասկնալ: Բայց եւ այնպէս, ես անմիջապէս սկսայ հնազանդիլ այն պատուէրներուն որոնք կրնայի հասկնալ: Օրինակի համար, երբ Աստուածաշունչը ինծի կ'ըսէր թէ պէտք չէր սուտ խօսէի, իմ կարգիս ես ինծի կ'ըսէի. «Սուտ խօսիլը մեղք է... Աստուածաշունչը ինծի կ'ըսէ թէ պէտք չէ սուտ խօսիմ, ուստի ես պիտի չստեմ»: Նաեւ, ես կ'աղօթէի. «Տէր Աստուած, հաճիս օգնէ ինծի որ կարենամ ձերբազատուիլ աննպատակ ձեւով սուտ խօսելէ»: Պարագան այն չէր որ ես կը խաբէի մարդիկը չար սրտով, բայց եւ այնպէս, ես անդադար կ'աղօթէի որպէսզի կարենայի նոյնիսկ առանց նպատակի սուտ խօսիլը դադրեցնել:

Շատ մարդկիկ սուտ կը խօսին եւ անոնց մեծամասնութիւնը չեն անրադառնար որ կը ստեն: Օրինակի համար, երբ քեզ կը հեռաձայնէ մէկը՝ որուն հետ չես ուզեր խօսիլ, արդե՞օք դուն երբեւիցէ անհոգութեամբ խնդրած ես քու զաւակներէդ, գործակիցներէդ, կամ ընկերներէդ թէ՝ «Իրեն ըսէ որ ես հոս չեմ»: Շատ մարդիկ սուտ կը խօսին որովհետեւ անոնք «փափկանկատ» են ուրիշներուն զգացումներուն հանդէպ: Այսպիսի մարդիկ կը ստեն երբ, օրինակի համար, իրենց հարց կը տրուի եթէ կը փափաքին որեւէ բան մը ուտել կամ խմել՝ երբ անոնք այցելութիւն կը կատարեն ուրիշներուն քով: Հակառակ որ նախապէս կրնան բան մը կերած չըլլալ եւ կամ կրնան ծարաւ ըլլալ, հիւրերը, որոնք չեն ուզեր «ծանրաբեռնել» իրենց հիւրընկալները, յաճախ կ'ըսեն անոնց. «Ոչ, շնորհակալ եմ: Ես արդէն հոս գալէս առաջ կերայ (կամ խմեցի)»: Ամէն պարագայի, գիտնալէս ետք, որ նոյնիսկ բարի նպատակով ստելը տակաւին սուտ խօսիլ կը նշանակէ, ես շարունակ կ'աղօթէի որպէսզի ձերբազատուիմ սուտ խօսելէ եւ վերջաւորութեան ես կրցայ նոյնիսկ աննպատակ սուտերէն ալ ձերբազատուիլ:

Աւելին, ես պատրաստեցի ցանկ մը՝ ամէն բաներու որոնք չար եւ մեղսալից էին, որոնցմէ պէտք էր ձերբազատուէի, եւ կ'աղօթէի անոնց համար: Միայն երբ կը սկսէի համոզուիլ թէ ես անկասկածօրէն ձերբազատուած էի չար ու մեղսալից սովորութենէ կամ արարքէ մը, մէկը միւսին ետեւէն, այն ատեն է որ ես կը ջնջէի այդ մանրամասնութիւնը՝ կարմիր մելանով մը: Եթէ որեւէ չարութիւն կամ մեղսալից բան մը ըլլար, որմէ չէի կրնար դիւրիւթեամբ ձերբազատուիլ, նոյնիսկ վճռակամ աղօթքէ ետք, այն ատեն ես կը սկսէի ծոմ պահել, առանց ուշացնելու: Եթէ այդ բանը չկրնայի ընել, նոյնիսկ երեք-օր ծոմ պահելէ յետոյ, ես ծոմապահութիւնս կ'երկարաձգէի մինչեւ հինգ օր: Եթէ նոյն մեղքը կրկնէի, այն ատեն ես կը սկսէի մտնել մինչեւ եօթը-օրուայ ծոմապահութեան մէջ: Ամէն պարագայի, շատ քիչ կը պատահէր որ մէկ շաբաթ շարունակ ծոմ պահէի. երեք-օրուայ ծոմապահութենէ ետք, ես մեծ մասամբ կրնայի ձերբազատուիլ մեղքերէ եւ չարութիւններէ: Որքան որ կը ձերբազատուէի չարութենէ՝ կրկնելով այսպիսի ընթացքներ, ես այդքան աւելի եւս մաքուր անօթ մը կը դառնայի:

Տէրոջը հանդիպելէս երեք տարիներ ետք, ես ձերբազատուեցայ այն բոլոր բաներէն որոնք Աստուծոյ խօսքին դէմ էին, եւ Աստուծոյ աչքին կրցայ մաքուր անօթ մը սեպուիլ: Աւելին, մինչ պարտաճանաչութեամբ եւ ժրաջանութեամբ կը պահէի Աստուծոյ պատուէրները, ներառեալ՝ «Ըրէ՛»ներ, եւ «Պահէ՛»ներ, կարճ ժամանակի մը մէջ ես սկսայ Իր խօսքով ապրիլ: Մինչ ես կերպարանափոխուեցայ՝ դառնալով մաքուր անօթ մը, Աստուած առատօրէն օրհնեց զիս: Իմ ընտանիքս բժշկութեան օրհնութիւններ ստացաւ: Ես կրցայ բոլոր պարտքերը անմիջապէս վճարել: Ես թէ՛ ֆիզիքական եւ թէ՛ հոգեկան օրհնութիւններ ստացայ: Այս բոլորը՝ որովհետեւ Աստուածաշունչը մեզ կը վստահեցնէ ըսելով հետեւեալը. «Սի՛րելիներ, եթէ մեր սրտերը մեզ չմեղադրեն, այն ատեն համարձակութիւն կ'ունենանք Աստուծոյ առջեւ կենալու: Եւ ինչ որ խնդրենք՝ կ'առնենք Անկէ, վասն զի Իր պատուիրանքները կը պահենք ու Իր առջեւ հաճելի եղածը կ'ընենք» (Ա. Յովհաննու 3.21-22):

Երկրորդ, գոհարեղէնէ մը աւելի գեղեցիկ անօթ մը ըլլալու համար, դուն պէտք է «կրակով զտուիս» եւ քու շրջակայքդ լուսաւորես հոգեւոր լոյսով:

Մատանիներու կամ վզնոցներու վրայ գտնուող սուղ եւ թանկագին քարերը ատեն մը անմաքուր էին: Ամէն պարագայի, անոնք յղկուած են ակնագործերու կողմէ, եւ սկսած են փայլուն լոյսեր դուրս տալ ու գեղեցիկ կերպարանքներ ունենալ:

Ինչպէս որ այս վարպետ ակնագործները կը կտրեն, կը յղկեն, կը փայլեցնեն, եւ կրակով կը զտեն այս թանկագին քարերը, զանոնք դարձնելով մեծ փայլք ունեցող հիանալի ու գեղեցիկ ձեւերու, նոյնպէս ալ Աստուած կը կրթէ Իր զաւակները: Աստուած զանոնք կը կրթէ ոչ թէ իրենց մեղքերուն պատճառով, այլ որպէսզի այդ կրթութեան միջոցաւ կարենայ ֆիզիքապէս եւ հոգեւորապէս օրհնել զիրենք: Աստուծոյ զաւակներուն տեսանկիւնով, որոնք չեն մեղանչած կամ որեւէ սխալ չեն գործած, կրնայ թուիլ թէ իրենք պէտք է փորձութիւններու ցաւը եւ տառապանքը կրեն: Ասիկա ընթացք մըն է՝ որուն միջոցաւ Աստուած կը մարզէ եւ կը կրթէ Իր զաւակները, որպէսզի անոնք կարենան աւելի եւս գեղեցիկ գոյներով եւ փայլքերով լուսաւորել իրենց չորս կողմը: Ա. Պետրոս 2.19 մեզ կը յիշեցնէ ըսելով. «Քանզի Աստուծմէ է այս շնորհքը, երբ մէկը բարի խղճմտանքով անիրաւ տեղ վիշտ կը կրէ»: Նաեւ, մենք այսպէս կը կարդանք. «Որպէս զի ձեր հաւատքին փորձառութիւնը (որ կորստական ոսկիէն աւելի պատուական է, թէեւ ոսկին կրակով կը փորձուի,) գտնուի գովութիւնով ու պատիւով եւ փառքով Յիսուս Քրիստոսին յայտնուելու ատենը» (Ա. Պետրոս 1.7):

Նոյնիսկ եթէ Աստուծոյ զաւակները արդէն ձերբազատուած են ամէն տեսակի չարութենէ եւ դարձած են սրբագործուած անօթներ, Իր ընտրած ժամանակին, Աստուած անոնց թոյլ կու տայ որ կրթուին եւ փորձուին, որպէսզի անոնք յառաջ գան՝ դառնալով այնպիսի անօթներ՝ որոնք շատ աւելի գեղեցիկ են քան գոհարեղէնները: Ինչպէս որ Ա. Յովհաննու 1.5-ի երկրորդ մասը մեզի կ'ըսէ. «Աստուած լոյս է ու Անոր մէջ խաւար չկայ», որովհետեւ Ինքնին Աստուած՝ արդ փառապանծ լոյսը, անթերի ու անբիծ, Աստուած Ինքը՝ Իր զաւակները կ'առաջնորդէ լոյսի նոյն մակարդակին:

Ուրեմն, երբ դուն կը յաղթահարես որեւէ տեսակի փորձութիւն, որ Աստուծոյ կողմէ արտօնուած է, երբ բարութեամբ ու սիրով կը յաղթահարես զանոնք, այն ատեն դուն պիտի դառնաս աւելի եւս շողշողուն եւ գեղեցիկ անօթ մը: Հոգեւոր իշխանութեան եւ զօրութեան մակարդակը կը տարբերի՝ հոգեւոր լոյսի փայլքին ու պայծառութեան համեմատ: Աւելին, երբ հոգեւոր լոյսը կը փայլի, այն ատեն թշամի Բանսարկուն եւ Սատանան այլեւս տեղ չեն ունենար կենալու:

Մարկոս 9-ի մէջ տեսարան մը կայ, որուն մէջ Յիսուս չար ոգին դուրս կը հանէ տղայէ մը՝ որուն հայրը աղաչած էր Յիսուսին որ բժշկէ իր տղան: Յիսուս սաստեց չար ոգին, ըսելով. «Համր ու խուլ ոգի, կը հրամայեմ քեզի, ելի՛ր ատկէ, ու մէյմըն ալ չմտնես անոր մէջ» (24-րդ համար): Չար ոգին ձգեց տղան, որ դարձեալ առողջ ու բնական դարձաւ: Այս տեսարանէն առաջ կայ ուրիշ դրուագ մը, որուն մէջ հայրը իր տղան բերաւ Յիսուսի աշակերտներուն առջեւ, որոնք չկրցան չար ոգին դուրս հանել: Պատճառը այն էր՝ որովհետեւ աշակերտներուն հոգեւոր լոյսի մակարդակը եւ Յիսուսին հոգեւոր լոյսի մակարդակը իրարմէ կը տարբերէին:

Ուրեմն, մենք ի՞նչ պէտք է ընենք որպէսզի կարենանք Յիսուսին ունեցած հոգեւոր լոյսի մակարդակին մէջ մտնել: Մենք կրնանք որեւէ փորձութեան մէջ յաղթական ըլլալ՝ հաստատ կերպով հաւատալով Աստուծոյ, բարութեամբ յաղթելով չարին, եւ նոյնիսկ թշնամին սիրելով: Հետեւաբար, անգամ մը որ քու բարութիւնդ, սէրդ, եւ արդարութիւնդ հարազատ սեպուին, այն ատեն դուն կրնաս չար ոգիները դուրս քշել եւ որեւէ տեսակի հիւանդութիւններն ու տկարութիւնները բժշկել:

Օրհնութիւններ՝ Գոհարեղէններէ Աւելի Գեղեցիկ Անօթներու համար

Մինչ տարիներ շարունակ քալած եմ հաւատքի ճանապարհին վրայ, ես նաեւ տոկացած եմ անհամար թիւով փորձութիւններու: Օրինակի համար, քանի մը տարիներ առաջ, հեռատեսիլի յայտագիրի մը ամբաստանութեամբ, ես դիմագրաւեցի փորձութիւն մը, որ մահուան չափ ցաւ պատճառող եւ տագնապալի էր: Պայթումի հետեւանքով օդին մէջ արձակուած կտորի մը նման, այն մարդիկը՝ որոնք իմ միջոցաւ շնորհք ստացած էին եւ շատ ուրիշներ՝ որոնց երկար ժամանակ ընտանիքի պէս մօտիկ սեպած էի, դաւաճանեցին զիս:

Աշխարհային մարդոց համար, ես սխալ հասկացողութեան նիւթ դարձայ եւ մեղադրանքի թիրախ մը, մինչ Մէնմին եկեղեցւոյ անդամներէն շատերը տառապեցան եւ սխալ պատճառով հալածուեցան: Այսուհանդերձ, Մէնմինի անդամները եւ ես բարութեամբ յաղթահարեցինք այդ փորձութիւնը եւ, մինչ ամէն բան Աստուծոյ յանձնեցինք, մենք աղաչեցինք սիրոյ ու ողորմութեան Աստուծմէն որ ներէ իրենց:

Աւելին, ես չատեցի կամ չլքեցի զանոնք՝ որոնք ձգեցին եկեղեցին եւ հարցերը դժուարացուցին եկեղեցիին համար: Այս չարչարալից փորձութեան մէջ, ես հաւատարմաբար հաւատացի որ իմ Հայր Աստուածս կը սիրէր զիս: Այս է թէ ինչպէս ես կրցայ դիմագրաւել նոյնիսկ այն այծերը՝ որոնք գէշութիւն ըրած էին՝ միայն բարութեամբ ու սիրով: Ինչպէս որ աշակերտ մը իր ծանր աշխատանքին եւ իր արժանիքներուն համար ճանաչում կը ստանայ քննութեան մը միջոցաւ, նոյնպէս ալ անգամ մը որ իմ հաւատքս, բարութիւնս, սէրս, եւ արդարութիւնս Աստուծոյ ճանաչումը ստացան, այն ատեն Աստուած օրհնեց զիս որ ալ աւելի հզօր կերպով կատարեմ ու յայտնաբերեմ Իր զօրութիւնը:

Այդ փորձութենէն ետք, Աստուած բացաւ դուռը՝ որուն միջոցաւ ես պիտի իրագործէի համաշխարհային առաքելութիւնը: Աստուած այնպէս գործեց՝ որ տասը հազարաւորներ, հարիւր հազարաւորներ, եւ նոյնիսկ միլիոնաւոր ժողովուրդներ հաւաքուին արտասահմանեան արշաւներու մէջ, զոր ես կ'առաջնորդէի, եւ Աստուած ինծի հետ եղած է Իր հզօր ուժով, որ կը գերազանցէ ժամանակն ու տարածութիւնը:

Հոգեւոր լոյսը՝ որով Աստուած մեզ կը շրջապատէ, շատ աւելի լուսաւոր ու գեղեցիկ է՝ քան այս աշխարհի մէջ գտնուող որեւէ գոհարեղէնի մը լոյսը: Աստուած Իր զաւակները, որոնց կը շրջապատէ Իր հոգեւոր լոյսով, գոհարեղէններէ աւելի գեղեցիկ անօթներ կը սեպէ:

Ուրեմն, թող ձեզմէ իւրաքանչիւրը կարենայ շուտով սրբագործուիլ եւ դառնալ այնպիսի անօթ մը՝ որ կը լուսաւորէ փորձութեամբ ապացուցուած հոգեւոր լոյսը, եւ որ շատ աւելի գեղեցիկ է քան գոհարեղէն մը, որպէսզի դուն կարենաս ստանալ ինչ որ կը խնդրես եւ օրհնեալ կեանք մը առաջնորդես. մեր Տէրոջը՝ Յիսուս Քրիստոսի անունով ես կ'աղօթեմ...

Պատգամ 4
Լույսը

Ա. Յովհաննու 1.5

Ասիկա է այն պատգամը
որ Իրմէ լսեցինք
ու ձեզի կ'իմացնենք,
թէ՝ Աստուած լոյս է
ու Անոր մէջ բնաւ խաւար չկայ:

Գոյութիւն ունին շատ տեսակի լոյսեր եւ անոնցմէ իւրաքանչիւրին մէջ կը գտնուի անոր իւրայատուկ հրաշալի կարողութիւնը: Ամէն բանէ աւելի՝ լոյսը կը լուսաւորէ խաւարը, ջերմութիւն կը հայթայթէ, եւ կը սպաննէ վնասակար մանրէները կամ սունկերը: Լոյսին հետ միասին, բոյսերը կրնան իրենց կեանքը պահպանել՝ լուսակազմութեան միջոցաւ:

Ամէն պարագայի, կայ ֆիզիքական լոյս եւ հոգեւոր լոյս: Ֆիզիքական լոյսը այն է՝ որ մեր մարմնաւոր աչքերով կը տեսնենք եւ կը դպչինք, իսկ հոգեւոր լոյսը այն է՝ որ մենք չենք կրնար տեսնել կամ դպչիլ: Ճիշդ ինչպէս որ ֆիզիքական լոյսը բազմաթիւ կարողութիւններ ունի, հոգեւոր լոյսին մէջ ալ կան անսահման թիւով կարողութիւններ: Երբ լոյսը գիշեր ատեն կը փայլի՝ խաւարը անմիջապէս կ'անհետանայ:

Նոյն ձեւով, երբ հոգեւոր լոյսը կը փայլի մեր կեանքին մէջ, հոգեւոր մթութիւնը շուտով պիտի անհետանայ, մինչ մենք կը քալենք Աստուծոյ սիրոյն եւ ողորմութեան մէջ: Որովհետեւ հոգեւոր խաւարը արմատն է հիւանդութիւններու եւ հարցերու՝ տան, գործատեղիին, եւ յարաբերութիւններու միջեւ, այդ իսկ պատճառով մենք չենք կրնար ճշմարիտ հանգստութիւն գտնել: Բայց եւ այնպէս, երբ հոգեւոր լոյսը կը փայլի մեր կեանքերուն վրայ, մարդկային գիտութենէն եւ կարողութիւններու սահմանէն վեր եղող բոլոր հարցերը կրնան լուծուիլ եւ մեր բոլոր փափաքները կ'իրականանան:

Հոգեւոր Լոյսը

Ի՞նչ է հոգեւոր լոյսը եւ ի՞նչպէս կը գործէ: Ա. Յովհաննու 1.5-ի երկրորդ մասին մէջ մենք կը գտնենք թէ՝ «Աստուած լոյս է ու Անոր մէջ բնաւ խաւար չկայ», եւ Յովհաննու 1.1-ի մէջ կը գտնենք թէ՝ «Բանը Աստուած էր»: Մէկ խօսքով, «լոյսը» կ'ակնարկէ ոչ միայն Ինքնին Աստուծոյ, այլ նաեւ Իր խօսքին՝ որ ճշմարտութիւնը, բարութիւնը եւ սէրն է: Բոլոր բաներուն ստեղծուելէն առաջ, տիեզերքի անհունութեան մէջ Աստուած մինակը գոյութիւն ունէր եւ որեւէ կերպարանքի մէջ չէր: Որպէս լոյսի եւ ձայնի միութիւնը, Աստուած ապաստանարանն էր բովանդակ տիեզերքին: Շողշողուն, հոյակապ, եւ գեղեցիկ լոյսը կը շրջապատէր ամբողջ տիեզերքը եւ այդ լոյսէն դուրս կու գար գեղեցիկ, վայելուչ, յստակ, քաղցր ու հնչուն ձայն մը:

Աստուած, որ գոյութիւն ունէր որպէս լոյսը եւ ձայնը, Ինք ծրագրեց մարդկութեան մշակումի նախասահմանութիւնը, որպէսզի կարենայ հնձել ճշմարիտ զաւակներ: Յետոյ, Աստուած մէկ կերպարանք հագաւ, Ինքզինք բաժնեց Երրորդութեան միջեւ, եւ Իր իսկ պատկերովը ստեղծեց մարդկութիւնը: Ամէն պարագայի, Աստուծոյ էութիւնը տակաւին լոյսը եւ ձայնն է, եւ Ան տակաւին կը գործէ լոյսով եւ ձայնով: Հակառակ որ Ան մարդ արարածի կերպարին մէջ է, այդ պատկերին մէջ կը գտնուին Իր անսահման զօրութեան լոյսը եւ ձայնը:

Աստուծոյ զօրութենէն զատ, այս հոգեւոր լոյսին մէջ կան նաեւ ճշմարտութեան ուրիշ տարրեր, ներառեալ՝ սէր եւ բարութիւն: Աստուածաշունչին մէջի վաթսուն-վեց գիրքերը այս հոգեւոր լոյսի ճշմարտութիւններուն հաւաքածոն են, որոնք կ'արտասանուին ձայնի մը մէջ: Այլ խօսքով, «լոյսը» կը վերագրէ Աստուածաշունչի բոլոր պատուէրներուն եւ համարներուն՝ բարութեան, արդարութեան, եւ սիրոյ նկատմամբ, ներառեալ՝ «Սիրեցէք զիրար», «Անդադար աղօթեցէք», «Շաբաթը սուրբ պահեցէք», «Հնազանդեցէք Տասը Պատուիրանքներուն», եւ նման բաներ:

Լոյսին մէջ Քալէ որպէսզի Աստուծոյ Հանդիպիս

Մինչ Աստուած կը կառավարէ լոյսի աշխարհը, թշնամի Բանսարկու Սատանան կը կառավարէ խաւարի աշխարհը: Աւելին, մինչ թշնամի Բանսարկու Սատանան հակառակ կը կենայ Աստուծոյ, մարդիկ, որոնք խաւարի աշխարհին մէջ կը բնակին, չեն կրնար Աստուծոյ հանդիպիլ: Ուրեմն, Աստուծոյ հանդիպելու համար, կեանքի մէջ զանազան հարցերուդ համար լուծում գտնելու, եւ պատասխաններ ստանալու համար, դուն պէտք է շուտով դուրս գաս խաւարի աշխարհէն, եւ մտնես լոյսի աշխարհը:

Աստուածաշունչին մէջ մենք կը գտնենք բազմաթիւ հրահանգներ, որոնք կ'ըսեն՝ «Ըրէ»: Ասոնց մէջ կը ներառեն՝ «Սիրեցէք զիրար», «Ծառայեցէք իրարու», «Աղօթեցէք», «Շնորհակալ եղէք», եւ նման բաներ: Հոն կը գտնուին նաեւ հրահանգներ, որոնք կ'ըսեն՝ «Պահէ», ներառեալ՝ «Շաբաթը սուրբ պահէ», «Պահէ Տասը Պատուիրանքները», «Աստուծոյ պատուէրները պահէ», եւ նման բաներ: Յետոյ, հոն կան բազմաթիւ հրահանգներ, որոնք կ'ըսեն՝ «Մի՛ ըներ», ներառեալ՝«Մի՛ ստեր», «Մի՛ ատեր», «Միայն քու շահդ մի՛ փնտռեր», «Կուռքեր մի՛ պաշտեր», «Մի՛ գողնար», «Մի՛ նախանձիր», «Անձնասէր մի՛ ըլլար», «Մի՛ բամբասեր», եւ ասոնց նման բաներ: Կան նաեւ հրահանգներ որոնք կ'ըսեն՝ «Ձերբազատուէ՛», ներառեալ՝ «Ձերբազատուէ ամէն տեսակ չարութենէ», «Ձերբազատուէ անձնասիրութենէ եւ նախանձէ», «Ձերբազատուէ ագահութենէ», եւայլն:

Միւս կողմէն, Աստուծոյ այս հրահանգներուն հնազանդիլը կը նշանակէ լոյսի մէջ ապրիլ, Տէրոջը նմանիլ, եւ մեր Հայր Աստուծոյն նմանիլ: Միւս կողմէն, եթէ դուն չես ըներ այն ինչ որ Աստուած քեզի կ'ըսէ ընել, եթէ դուն չես պահեր այն ինչ որ Ինք քեզի կ'ըսէ որ պահես, եթէ դուն կ'ընես այն՝ ինչ որ Ինք քեզի կ'ըսէ թէ պէտք չէ ընես, եւ եթէ դուն չես ձերբազատուիր այն բաներէն՝ որոնցմէ Աստուած կ'ուզէ որ ձերբազատուիս, դուն պիտի շարունակես մնալ խաւարի մէջ: Ուրեմն, յիշելով որ Աստուծոյ խօսքին անհնազանդ ըլլալը կը նշանակէ թէ մենք խաւարի աշխարհին մէջ կը գտնուինք, կառավարուած՝ թշնամի Բանսարկու Սատանային կողմէ, այդ պատճառով ալ մենք պէտք է միշտ Աստուծոյ խօսքով ապրինք եւ քալենք լոյսին մէջ:

Աստուծոյ հետ Հաղորդակցիլ՝ Քալելով Լոյսի մէջ

Ինչպէս որ Ա. Յովհաննու 1.7-ին առաջին կէսը մեզի կ'ըսէ.

«Յապա եթէ լոյսի մէջ քալենք, ինչպէս Անիկա լոյսի մէջ է, իրարու հետ հաղորդակից կ'ըլլանք», երբ մենք կը քալենք ու կը բնակինք լոյսի մէջ, միայն այն ատեն է որ մեզի համար կ'ըսուի թէ մենք հաղորդակից ենք Աստուծոյ հետ:

Ճիշդ ինչպէս որ հաղորդակցութիւն կայ հօր մը եւ իր զաւակներուն միջեւ, նոյնպէս մենք պէտք է հաղորդակցութիւն ունենանք Աստուծոյ հետ, որ մեր հոգիներուն Հայրն է: Ամէն պարագայի, որպէսզի կարենանք հաստատել եւ պահպանել Աստուծոյ հետ մեր հաղորդակցութիւնը, մենք պէտք է մէկ պայման մը լրացնենք. Ձերբազատուէ՛ մեղքէն՝ լոյսի մէջ քալելով: Այդ է պատճառը որ՝ «եթէ ըսենք թէ Անոր հետ հաղորդակից ենք ու խաւարի մէջ պտըտինք. սուտ կը խօսինք եւ ճշմարտութիւնը չենք ըսեր» (Ա. Յովհաննու 1.6):

«Հաղորդակցութիւնը» մէկ կողմով չըլլար: Պարզապէս որովհետեւ դուն գիտես մէկու մը մասին, այդ չի նշանակեր թէ դուն հաղորակցութիւն ունիս այդ անձին հետ: Միայն երբ երկու կողմերը բաւական մօտիկ կ'ըլլան իրարու՝ զիրար ճանչնալու, իրարու վստահելու, իրարմէ կախեալ ըլլալու, եւ իրար հետ խօսակցելու համար, այն ատեն է որ կրնայ «հաղորդակցութիւն» տեղի ունենալ այդ երկու կողմերուն միջեւ:

Օրինակի համար, ձեզմէ շատերը կը ճանչնան ձեր երկրին թագաւորը կամ նախագահը: Բայց եւ այնպէս, հոգ չէ թէ դուն որքան լաւ կը ճանչնաս կամ որքան լաւ գիտես նախագահին մասին, եթէ ինք քեզ չճանչնար՝ հաղորդակցութիւն տեղի չունենար քու եւ նախագահին միջեւ: Աւելին, հաղորդակցութեան մէջ կան տարբեր խորութիւններ: Դուք երկուքդ կրնաք պարզապէս ծանօթներ ըլլալ իրարու. դուք երկուքդ կրնաք քիչ մը աւելի մօտիկ ըլլալ՝ կարենալ ատեն-ատեն իրարու հարցնելու թէ ինչպէս էք ու ինչ կ'ընէք. եւ կամ, դուք երկուքդ կրնաք շատ մտերիմ յարաբերութեան մէջ ըլլալ իրարու հետ, որով դուք նոյնիսկ ձեր ամենախորունկ գաղտնիքները կը բաժնեկցիք իրարու հետ:

Նոյնն է պարագան Աստուծոյ հետ հաղորդակցութիւն ունենալու նկատմամբ: Որպէսզի Աստուծոյ հետ մեր յարաբերութիւնը ճշմարիտ հաղորդակցութիւն ըլլայ, Աստուած պէտք է ճանչնայ եւ ընդունի մեզ: Եթէ խորունկ հաղորդակցութիւն ունենանք Աստուծոյ հետ, մենք հիւանդ կամ տկար պիտի չըլլանք, եւ պիտի չըլլայ բան մը՝ որուն համար պատասխաններ պիտի չստանանք: Աստուած կ'ուզէ իր զաւակներուն միայն լաւագոյնը տալ, եւ Անիկա Բ. Օրինաց 28-րդ գլխուն մէջ մեզի կ'ըսէ թէ՝ երբ մենք ամբողջութեամբ հնազանդինք մեր Աստուծոյն եւ ուշադրութեամբ հետեւինք Իր պատուէրներուն, այն ատեն մենք օրհնեալ պիտի ըլլանք մեր մտած ու ելած ատենը, մենք շատերուն փոխ պիտի տանք բայց ո՛չ մէկէն փոխ պիտի չառնենք ու մենք գլուխ պիտի ըլլանք եւ ո՛չ թէ պոչ:

Հաւատքի Հայրեր՝ որոնք Ճշմարիտ Հաղորդակցութիւն Ունէին Աստուծոյ հետ

Արդեօք Աստուծոյ հետ ի՞նչ տեսակի հաղորդակցութիւն

ունէր Դաւիթ, որուն Աստուած Իր սրտին համեմատ մարդ ըլլալ կը համարէր, այսպէս վկայելով. «Յեսսէի որդին Դաւիթը գտայ Իմ սրտիս համեմատ մարդ, որ Իմ բոլոր կամքս պիտի կատարէ» (Գործք Առաքելոց 13.22): Դաւիթ կը սիրէր զԱստուած ու կը վախնար Աստուծմէ, եւ անիկա ամէն ժամանակ լման Աստուծոյ կը վստահէր: Երբ կը փախչէր Սաւուղէն եւ կամ պատերազմելու կ'երթար, երեխայի մը նման՝ որ իր ծնողներէն մէկուն կը հարցնէ թէ ինչ պէտք է ընէ, Դաւիթ միշտ կը հարցնէր Աստուծոյ. «Արդե՞օք պէտք է երթամ: Ո՞ւր պէտք է երթամ», եւ կ'ընէր այն՝ ինչ որ Աստուած կը պատուիրէր իրեն ընել: Աւելին, Աստուած միշտ քաղցր ու մանրամասն պատասխաններ կու տար Դաւիթին ու Դաւիթ կ'ընէր ճիշդ ինչպէս որ Աստուած իրեն կը պատուիրէր ընել, եւ այսպիսով Դաւիթ կրցաւ յաղթանակ յաղթանակի վրայ ապահովել (Բ. Թագաւորաց 5.19-25):

Դաւիթ կրցաւ գեղեցիկ յարաբերութիւն մը վայելել Աստուծոյ հետ, որովհետեւ Դաւիթ կը հաճեցնէր զԱստուած՝ իր հաւատքով: Օրինակի համար, Սաւուղ թագաւորի իշխանութեան սկիզբը, Փղշտացիները յարձակեցան Իսրայէլի վրայ: Փղշտացիները կ'առաջնորդուէին Գողիաթի կողմէ, որ կը ծաղրէր Իսրայէլի զօրքերը եւ հայհոյութիւն կ'ընէր ու կը նախատէր Աստուծոյ անունը: Այսուհանդերձ, Իսրայէլի բանակատեղիէն ոչ մէկը կը համարձակէր մարտահրաւէր կարդալու Գողիաթի դէմ: Այդ ժամանակ, հակառակ որ ինք տակաւին պատանի մըն էր, Դաւիթ առանց զինուելու գնաց որպէսզի դիմագրաւէ Գողիաթը՝ դէմ առ դէմ, իր հետ առնելով միայն հինգ սահուն քարեր, զոր ընտեց հեղեղատէն, որովհետեւ Դաւիթ կը վստահէր Իսրայէլի ամենակարող Աստուծոյն ու կը հաւատար թէ պատերազմը Աստուծոյ կը պատկանէր (Ա. Թագաւորաց 17)։ Աստուած այնպէս մը գործեց որ Դաւիթի գործածած առաջին քարը զարնէ Գողիաթի ճակատը։ Գողիաթի մեռնելէն ետքը, հոսանքը դարձաւ եւ իսրայէլ կատարեալ յաղթութիւն ունեցաւ։

Իր հաստատ հաւատքին համար, Դաւիթ Աստուծոյ սրտին համեմատ մարդ սեպուեցաւ, եւ Աստուած Դաւիթի համար ըսաւ. «Իմ սրտիս համեմատ մարդ է»։ Երբ հայր մը ու իր որդին մտերիմ յարաբերութիւն ունենան իրարու հետ, անոնք իրար հետ պիտի քննարկեն ամէն մէկ գործառնութիւն՝ զոր կը կատարեն. ուստի Դաւիթ կրցաւ բոլոր բաները յաջողցնել՝ Աստուած իր կողքին ըլլալով։

Աստուածաշունչը նաեւ մեզի կ'ըսէ թէ Աստուած դէմ առ դէմ խօսեցաւ Մովսէսի հետ։ Օրինակի համար, երբ Մովսէս համարձակութեամբ հարցուց Աստուծոյ որ Իր երեսը ցոյց տայ իրեն, Աստուած ջերմագին կերպով ուզեց Մովսէսի տալ ամէն բան՝ զոր ինք կը խնդրէր (Ելից 33.18)։ Մովսէս ի՞նչպէս կրցաւ ա՛յդքան մօտիկ եւ մտերիմ յարաբերութիւն ունենալ Աստուծոյ հետ։

Մովսէս Իսրայէլացիները Եգիպտոսէն դուրս առաջնորդելէ ետք, անմիջապէս ծոմ պահեց եւ քառասուն օր հաղորդակցեցաւ Աստուծոյ հետ՝ Սինա լերան գագաթը։ Երբ Մովսէսի վերադարձը սկսաւ ուշանալ, Իսրայէլացիները կուռք մը շինեցին որպէսզի պաշտեն զայն։ Այս տեսնելով, Աստուած Մովսէսին ըսաւ որ պիտի փճացնէր

Իսրայէլացիները եւ անկէ ետքը Մովսէսը մեծ ազգ մը պիտի ընէր (Ելից 32.10):

Ասոր վրայ Մովսէս աղաչեց Աստուծոյ, ըսելով. «Դարձի՛ր Քու սաստիկ բարկութենէդ ու դադարէ այս չարիքը քու ժողովուրդիդ վրայ բերելէ» (Ելից 32.12): Յաջորդ օրը Մովսէս դարձեալ աղաչեց Աստուծոյ եւ ըսաւ. «Ո՜հ, այս ժողովուրդը մեծ մեղք մը գործեց, իրեն ոսկիէ աստուածներ շինելով, բայց հիմա եթէ անոնց մեղքերը պիտի ներես՝ ներէ, եթէ ոչ՝ կ'աղաչեմ, աւրէ՛ զիս քու գրած գրքէդ» (Ելից 32.31-32): Ո՜րքան ապշեցուցիչ եւ ջերմեռանդ սիրոյ աղօթքներ են անոնք...

Աւելին, Թուոց 12.3-ի մէջ մենք կը գտնենք. «Մովսէս շատ հեզ մարդ մըն էր՝ երկրի վրայ եղած բոլոր մարդոցմէն աւելի»: Թուոց 12.7-ի մէջ կը կարդանք. «Բայց Իմ ծառաս Մովսէս այնպէս չէ, որ Իմ բոլոր տանս մէջ հաւատարիմ է»: Իր մեծ սիրովը ու հեզ սրտովը, Մովսէս կրցաւ հաւատարիմ ըլլալ Աստուծոյ բոլոր տանը մէջ, եւ մտերիմ յարաբերութիւն վայելել Աստուծոյ հետ:

Օրհնութիւններ այն Մարդոց՝ որոնք Լոյսին մէջ Կը Քալեն

Յիսուս, որ աշխարհ եկաւ որպէս աշխարհի լոյսը, միայն ճշմարտութիւնը եւ երկինքի աւետարանը սորվեցուց: Այսուհանդերձ, մարդիկ, որոնք խաւարի գործերուն մէջ մխրճուած էին եւ որոնք կը պատկանէին թշնամի Սատանային, չկրցան հասկնալ լոյսը՝ նոյնիսկ երբ անիկա բացատրուեցաւ: Իրենց ընդդիմութեան մէջ, խաւարի մէջ գտնուող մարդիկ չկրցան ընդունիլ լոյսը եւ կամ փրկութիւն ստանալ, այլ փոխարէնը՝ անոնք ուղղուեցան դէպի կործանումի ճամբան:

Բարի սրտով մարդիկ կը սկսին տեսնել իրենց մեղքերը, կը զղջան ու դարձի կու գան իրենց մեղքերէն, եւ կը հասնին փրկութեան՝ ճշմարտութեան լոյսին միջոցաւ: Սուրբ Հոգիին փափաքներուն հետեւելով, անոնք նաեւ օրէ օր հոգիի ծնունդ կու տան եւ լոյսի մէջ կը քալեն: Իմաստութեան պակասը կամ կարողութիւնը այլեւս հարց մը չըլլար իրենց համար: Անոնք հաղորդակցութիւն պիտի հաստատեն Աստուծոյ հետ, որ լոյս է, եւ Սուրբ Հոգիին ձայնը ու Անոր հսկողութիւնը պիտի ստանան: Յետոյ ամէն բան լաւ պիտի ընթանայ իրենց հետ եւ իրենք երկնային իմաստութիւն պիտի ստանան: Նոյնիսկ եթէ ունին այնպիսի հարցեր՝ որոնք սարդի ոստայնի մը պէս կնճռոտուած են, ոչ մէկ բան կրնայ վախցնել իրենց՝ այդ հարցերը լուծելէ ետ կեցնելով զիրենք, եւ ոչ մէկ վանդակ կամ ցանկապատ կրնայ արգիլել իրենց ուղին, որովհետեւ Սուրբ Հոգին անձամբ իրենց ուղղութիւն պիտի տայ, իրենց երթալիք ճամբուն ամէն մէկ քայլին համար:

Ինչպէս որ Ա. Կորնթացիս 3.18 մեզ կը մղէ ըսելով. «Չըլլայ որ մէկը ինքզինք խաբէ: Եթէ ձեզմէ մէկը զինք իմաստուն կը սեպէ այս աշխարհի մէջ, թող յիմար ըլլայ՝ որպէս զի իմաստուն ըլլայ». մենք պէտք է անդրադառնանք որ աշխարհի իմաստութիւնը Աստուծոյ առջեւ յիմարութիւն է:

Աւելին, ինչպէս որ Յակոբու 3.17 մեզի կ'ըսէ. «Բայց վերին իմաստութիւնը նախ՝ սուրբ է, ետքը՝ խաղաղարար, հեզ, hլու, ողորմութիւնով ու բարի պտուղներով լեցուն, անկողմնակալ ու անկեղծ»: Երբ մենք կ'իրականացնենք սրբագործութիւնը եւ լոյսին կ'երթանք՝ երկնային իմաստութիւն պիտի իջնէ մեր վրայ: Երբ լոյսին մէջ կը քալենք, մենք նաեւ պիտի հասնինք այնպիսի մակարդակի մը՝ որուն մէջ ուրախ պիտի ըլլանք, նոյնիսկ եթէ մենք կարօտութիւն ունինք, եւ ուրեմն չենք զգար թէ որեւէ բանի մը պակասը ունինք, նոյնիսկ եթէ մենք իսկապէս կարօտութիւն կը քաշենք:

Պօղոս առաքեալ Փիլիպպեցիս 4.11-ի մէջ կը խոստովանի, ըսելով. «Ոչ թէ կարօտութեան համար կ'ըսեմ. վասն զի ես սորվեցայ գոհ ըլլալ իմ գտնուած վիճակիս մէջ»: Նոյն իմաստով, եթէ լոյսին մէջ քալենք՝ այն ատեն մենք պիտի իրականացնենք Աստուծոյ խաղաղութիւնը, որով խաղաղութիւն եւ ուրախութիւն պիտի բխի ու պիտի յորդի մեր ներսիդիէն: Մարդիկ, որոնք խաղաղութիւն կ'ընեն ուրիշներու հետ՝ պիտի չվիճաբանին կամ թշնամական պիտի չըլլան իրենց ընտանիքին հանդէպ: Ընդհակառակը, մինչ սէրը եւ շնորքը կը յորդի իրենց սրտերուն մէջ, շնորհակալութեան խոստովանութիւնները պիտի չդադրին իրենց շրթունքներէն:

Աւելին, երբ մենք լոյսին մէջ կը քալենք եւ մեր լաւագոյնը կ'ընենք որպէսզի որքան կարելի է աւելի եւս նմանինք Աստուծոյ, այն ատեն, ինչպէս որ Աստուած Գ. Յովհաննու 1.2-ի մէջ մեզի կ'ըսէ. «Սիրելիս, աղօթք կ'ընեմ որ ամէն կողմէ յաջողիս ու առողջ ըլլաս, ինչպէս քու հոգիդ ալ յաջողութեան մէջ է», մենք անշուշտ ոչ միայն բարգաւաճութեան օրհնութիւններ պիտի ստանանք ամէն բանի մէջ, այլ նաեւ պիտի ստանանք Աստուծոյ իշխանութիւնը, կարողութիւնը, եւ զօրութիւնը. Աստուծոյ՝ որ լոյս է:

Պօղոս Տէրոջը հանդիպելէ եւ լոյսին մէջ քալելէ ետք, Աստուած կարողութիւն տուաւ իրեն որպէսզի Պօղոս ապշեցուցիչ զօրութիւն յայտնաբերէ՝ որպէս Հեթանոսներուն առաքեալ: Հակառակ որ Ստեփանոս կամ Փիլիպպոս մարգարէներ չէին, ոչ ալ Յիսուսի աշակերտներէն էին, տակաւին Աստուած մեծապէս կը գործէր անոնց միջոցաւ: Գործք Առաքելոց 6.8-ի մէջ մենք կը գտնենք թէ՝ «Ստեփանոս, որ հաւատքով ու զօրութիւնով լեցուած մարդ մըն էր, մեծ հրաշքներ եւ նշաններ կ'ընէր ժողովուրդին մէջ»: Գործք Առաքելոց 8.6-8-ի մէջ մենք դարձեալ կը գտնենք թէ՝ «Եւ ժողովուրդը միաբան Փիլիպպոսի ըսածներուն ուշադրութիւն կու տային՝ լսելով ու տեսնելով այն նշանները, որոնք կ'ընէր: Վասն զի շատ դիւահարներէ պիղծ ոգիները մեծաձայն աղաղակելով՝ կ'ելլէին: Եւ շատ անդամալոյծներ ու կաղեր կը բժշկուէին»:

Մէկը կրնայ Աստուծոյ զօրութիւնը յայտնաբերել այն չափով որ անիկա կը սրբագործուի՝ լոյսին մէջ քալելով եւ Տէրոջը նմանելով: Միայն շատ քիչեր կրցած են Աստուծոյ զօրութիւնը յայտնաբերել: Բայց եւ այնպէս, նոյնիսկ այդ քիչերուն միջեւ, որոնք իրապէս կրցած են Աստուծոյ զօրութիւնը յայտնաբերել, տակաւին այդ յայտնաբերուած զօրութեան աստիճանը կամ չափը տարբերած են մէկ անձէն միւսը՝ նայած թէ իւրաքանչիւր անհատ որքան շատ կը նմանէր Աստուծոյ՝ որ լոյս է:

Արդեօք Ես Լոյսին Մէջ Կը Բնակի՞մ

Ստանալու համար հիանալի օրհնութիւն, որ կը շնորհուի անոնց՝ որոնք լոյսին մէջ կը քալեն, մեզմէ իւրաքանչիւրը պէտք է ամէն բանէ առաջ ինքզինքը քննէ եւ հարցնէ. «Արդեօք ես լոյսին մէջ կը բնակի՞մ»:

Նոյնիսկ եթէ դուն յատուկ հարց մը կամ հարցեր չունիս, դուն պէտք է ինքզինքդ քննես տեսնելու համար թէ դուն արդե՞օք «գաղջ» կեանք մը առաջնորդած ես Քրիստոսի մէջ, կամ թէ արդե՞օք դուն չես լսած ու չես կառավարուած Սուրբ Հոգիէն: Եթէ այդպէս է, այն ատեն դուն պէտք է քու հոգեւոր քունէդ արթննաս:

Եթէ որոշ չափով կամ որոշ աստիճան ձերբազատուած ես չարութենէ, դուն այդքանով պէտք չէ գոհանաս: Որպէս զաւակ մը՝ որ հասուննալով չափահաս կը դառնայ, պէտք է նաեւ հասնիս հայրերու հաւատքին: Դուն պէտք է շատ խորունկ յարաբերութիւն ունենաս Աստուծոյ հետ, ինչպէս նաեւ մտերիմ հաղորդակցութիւն՝ Իր հետը:

Եթէ գոհունակութեան ուղղութեամբ կը վազես, դուն պէտք է երեւան հանես չարութեան նոյնիսկ ամենէն նուրբ մնացորդները, եւ պէտք է արմատէն խլես հանես զանոնք: Որքան աւելի մեծ իշխանութիւն ունենաս եւ որքան աւելի գլուխ դառնաս, դուն միշտ, ամէն բանէ առաջ, պէտք է ծառայես եւ ուրիշներուն շահերը փնտռես: Երբ ուրիշները, ներառեալ անոնք՝ որոնք քեզմէ նուազ դիրքի վրայ են, քու սխալներդ ցոյց կու տան քեզի, դուն պէտք է կարողանաս ուշադրութիւն ընել եւ զգուշանալ այդ սխալներէն:

Փոխանակ նեղուելու կամ անհանգիստ զգալու եւ օտարանալու անոնցմէ՝ որոնք կը շեղին մարդկային ճամբաներէն եւ չարութիւն կ'ընեն, դուն պէտք է սիրով եւ բարութեամբ հանդուրժես եւ ցնցիչ կերպով շարժես զիրենք: Դուն պէտք չէ աչք խփես եւ կամ որեւէ մէկուն հանդէպ արհանարկանք ունենաս: Ոչ ալ քու անձնական արդարութեամբդ դուն պէտք է անտարբեր ըլլաս ուրիշներու հանդէպ եւ կամ խաղաղութիւնը կործանես:

Ես աւելի սէր ցոյց տուած եմ աւելի պզտիկին, աւելի աղքատին, եւ աւելի տկար մարդոց: Ճիշդ ինչպէս որ ծնողներ աւելի շատ կը հոգան իրենց տկար եւ հիւանդ զաւակներուն՝ քան առողջներուն, ես շատ աւելի ժրաջանութեամբ աղօթած եմ այսպիսի վիճակներու մէջ գտնուող մարդոց համար, բնաւ որեւէ ժամանակ չեմ անտեսած զիրենք, եւ փորձած եմ ծառայել անոնց իմ սրտիս ներսէն: Անոնք որոնք լոյսին մէջ կը քալեն՝ պէտք է գութ եւ կարեկցութիւն ունենան նոյնիսկ այն մարդոց հանդէպ՝ որոնք մեծ սխալներ գործած են իրենց դէմ, եւ պէտք է կարողանան ներել անոնց եւ ծածկել անոնց սխալները, փոխանակ անոնց յանցանքը երեւան հանելու:

Նոյնիսկ Աստուծոյ գործը ընելով, դուն պէտք չէ հպարտանաս եւ կամ քու անձնական արժանիքդ կամ քու յաջողութիւնդ ցուցադրես, այլ պէտք է գիտակցիս եւ ընդունիս ուրիշներուն ըրած ջանքերը, որոնց հետ միասին դուն աշխատած ես: Երբ անոնց ջանքերը կը ճանչցուին ու կը գովուին, դուն պէտք է աւելի ուրախանաս եւ աւելի ցնծաս:

Կրնա՞ս երեւակայել թէ Աստուած ո՛րքան շատ կը սիրէ իր այն զաւակները՝ որոնց սրտերը կը նմանին մեր Տէրոջը սրտին։ Ինչպէս որ Աստուած 300 տարի շարունակ Ենովքի հետ քալեց, Ան պիտի քալէ նաեւ իր զաւակներուն հետ՝ որոնք Իրեն կը նմանին։ Աւելին, Աստուած ոչ միայն առողջութեան օրհնութիւններ պիտի տայ անոնց եւ ամէն բան լաւ պիտի ընթանայ իրենց բոլոր գործառնութիւններուն մէջ, այլ նաեւ անոնց պիտի տայ իր զօրութիւնը՝ որով Աստուած պիտի գործածէ զիրենք որպէս թանկագին անօթներ։

Ուրեմն, եթէ կը խորհիս թէ դուն հաւատք ունիս եւ կը սիրես զԱստուած, թող որ դարձեալ քննես թէ արդեօք Աստուած քու հաւատքիդ եւ սիրոյդ ո՞րքանը իսկապէս պիտի ընդունի, եւ դուն պէտք է լոյսին մէջ քալես, որպէսզի քու կեանքդ կարենայ յորդիլ իր սիրոյն ապացոյցներովը, եւ պէտք է հաղորդակցիս Աստուծոյ հետ. մեր Տէրոջը՝ Յիսուս Քրիստոսի անունով ես կ՚աղօթեմ...

Պատգամ 5

Լոյսին Զօրութիւնը

Ա. Յովհաննու 1.5

Ասիկա է այն պատգամը
որ Իրմէ լսեցինք
ու ձեզի կ'իմացնենք,
թէ՝ Աստուած լոյս է
ու Անոր մէջ բնաւ խաւար չկայ:

Աստուածաշունչին մէջ կան շատ մը օրինակներ, որոնց մէջ անհամար թիւով մարդիկ ստացած են փրկութիւն, բժշկութիւններ, եւ պատասխաններ՝ Աստուծոյ զօրութեան ապշեցուցիչ գործերուն միջոցաւ, որոնք կը յայտնաբերուէին իր Որդւոյն՝ Յիսուս Քրիստոսի կողմէ։ Երբ Յիսուս կը հրամայէր, ամէն տեսակի հիւանդութիւններ ունեցող անհատներ անմիջապէս կը բժշկուէին եւ տկարներութիւններ ունեցողները կը զօրանային ու կը վերահաստատուէին։

Կոյրերը կրցան տեսնել, համրերը սկսան խօսիլ, եւ խուլերը սկսան լսել։ Կծկուած ձեռքով մարդ մը բժշկուեցաւ, կաղերը սկսան դարձեալ քալել, եւ անդամալոյծները բժշկութիւն ստացան։ Աւելին, չար ոգիները դուրս հանուեցան եւ մեռելները վերակենդանացան։

Աստուծոյ զօրութեան այս ապշեցուցիչ գործերը յայտնաբերուած են ոչ միայն Յիսուսի կողմէ, այլ նաեւ Հին Կտակարանի ժամանակներու բազմաթիւ մարգարէներուն կողմէ, եւ Նոր Կտակարանի ժամանակներու առաքեալներուն կողմէ։ Անշուշտ, Յիսուսի՝ Աստուծոյ զօրութեան յայտնաբերումը չէր կրնար հաւասարիլ մարգարէներու եւ առաքեալներու յայտնաբերած զօրութեան։ Այսուհանդերձ, Աստուած զօրութիւն տուաւ այն անհատներուն՝ որոնք կը նմանէին Յիսուսի եւ Ինքնին Աստուծոյ, եւ գործածեց զանոնք որպէս իր անօթները։ Աստուած, որ լոյս է, իր զօրութիւնը յայտնաբերեց Ստեփանոսի եւ Փիլիպպոսի նման սարկաւագներու միջոցաւ, որովհետեւ անոնք սրբագործութիւն իրագործեցին՝ լոյսին մէջ քալելով եւ Տէր Յիսուս Քրիստոսի նմանելով:

Պօղոս Առաքեալ Մեծ Զօրութիւն Յայտնաբերեց՝ Մինչեւ Իսկ «Աստուած» Նկատուելու Աստիճան

Նոր Կտակարանի բոլոր անձնաւորութիւններուն միջեւ, Պօղոս առաքեալին յայտնաբերած Աստուծոյ զօրութիւնը՝ Յիսուսէն յետոյ երկրորդ տեղը կը գրաւէ: Պօղոս առաքեալ աւետարանը քարոզեց Հեթանոսներուն, որոնք չէին ճանչնար զԱստուած, հեղինակութեամբ տրուած պատգամներով, որոնց կ'ընկերանային նշաններ եւ հրաշքներ: Այսպիսի զօրութեամբ է որ Պօղոս կրցաւ դաւանիլ զԱստուած՝ ճշմարիտ Աստուածութիւնը եւ Յիսուս Քրիստոսը:

Սկսելով այն իրողութենէն որ կռապաշտութիւնը եւ կախարդութիւնը լիառատօրէն ծաւալուն էին այդ ժամանակ, Հեթանոսներուն մէջ պէտք էր ըլլային կարգ մը մարդիկ՝ որոնք կը խաբէին ուրիշները: Այսպիսի մարդոց աւետարանը տարածելը կը պահանջէր Աստուծոյ զօրութեան գործին յայտնաբերումը, որը շատ աւելի կը գերազանցէր կախարդութեան սխալ ուժը եւ չար ոգիներուն գործունէութիւնը (Հռովմայեցիս 15.18-19):

Գործք Առաքելոց 14.8-էն անդին կայ տեսարան մը՝ որուն մէջ Պօղոս առաքեալ աւետարանը կը քարոզէր Լիւստրայ կոչուած շրջանի մը մէջ: Հոն, Պօղոս հրամայեց մարդու մը՝ որ իր ամբողջ կեանքին մէջ կաղ եղած էր, ու ըսաւ անոր. «Ելի՛ր, ոտքերուդ վրայ շիտա՛կ կայնէ», եւ մարդը ոտքի ելլելով ու ցատկելով՝ սկսաւ քալել (Գործք Առաքելոց 14.9)։ Երբ հոն գտնուող ժողովուրդը տեսան այս եղածը՝ անոնք բարձրաձայն խոստովանեցան, ըսելով. «Աստուածները մարդոց նմանութիւնով մեզի իջեր են» (Գործք Առաքելոց 14.10)։ Գործք Առաքելոց 28-րդ գլխուն մէջ կայ տեսարան մը՝ որուն մէջ Պօղոս առաքեալ կը հասնի Մելիտէ կոչուած կղզի մը, նաւաբեկումէ մը ետք։ Երբ Պօղոս դէզ մը խռիւ հաւաքեց ու կրակին վրայ դրաւ, տաքութենէն իժ մը ելաւ եւ Պօղոսին ձեռքը բռնեց եւ անոր ձեռքին վրայ կախուեցաւ։ Այս տեսնելով, բնիկները կ'ակնկալէին որ անոր ձեռքը ուռի կամ ինք յանկարծ մեռած իյնայ, բայց երբ ոչ մէկ բան պատահեցաւ Պօղոսի, մարդիկ ըսին թէ անիկա աստուած մըն էր (6-րդ համար)։

Որովհետեւ Պօղոս առաքեալ տիրացած էր այնպիսի սրտի մը՝ որը Աստուծոյ տեսողութեամբ օրինաւոր էր, այդ պատճառով ալ ան կրցաւ Աստուծոյ զօրութեան գործը յայտնաբերել, այն աստիճան՝ որ մինչեւ իսկ «աստուած» մը ըլլալ թուեցաւ մարդոց կողմէ։

Աստուծոյ (որ լոյս է) Զօրութիւնը

Զօրութիւնը կը տրուի ոչ թէ որովհետեւ մէկը կը ցանկայ ունենալ զայն, այլ անիկա կը տրուի միայն անոնց՝ որոնք կը նմանին Աստուծոյ եւ որոնք իրագործած են սրբագործութիւնը։ Նոյնիսկ այսօր, Աստուած կը փնտռէ մարդիկ՝ որոնց կրնայ Իր զօրութիւնը տալ, զիրենք գործածելու համար որպէս փառքի անօթներ։ Այդ է պատճառը որ Մարկոս 16.20 մեզ կը յիշեցնէ ըսելով. «Անոնք ելան ու ամէն տեղ կը քարոզէին եւ Տէրը անոնց գործակից էր ու խօսքը կը հաստատէր այն նշաններով, որոնք անոնց հետ կ'երթային: Ամէն»: Նաեւ Յիսուս Յովհաննու 4.48-ի մէջ ըսաւ. «Եթէ նշաններ ու հրաշքներ չտեսնէք, բնաւ պիտի չհաւատաք»:

Անհամար թիւով մարդիկ փրկութեան առաջնորդելը կը պահանջէ երկնային զօրութիւն, որ կրնայ նշաններ եւ հրաշքներ յայտնաբերել, որը իր կարգին կը վկայէ կենդանի Աստուծոյն մասին: Այնպիսի դարու մը մէջ, ուր մեղքը եւ չարութիւնը մասնայատուկ կերպով կը զարգանան, նշանները եւ հրաշքները ալ աւելի եւս կը պահանջուին:

Երբ մենք լոյսին մէջ կը քալենք եւ հոգիով մէկ կ'ըլլանք մեր Հայր Աստուծոյն հետ միասին, այն ատեն մենք կրնանք յայտնաբերել զօրութեան այն աստիճանը՝ զոր Յիսուս Ինքը յայտնաբերեց: Պատճառը այն է՝ որովհետեւ մեր Տէրը խոստացաւ, ըսելով. «Ճշմարիտ ճշմարիտ կ'ըսեմ ձեզի թէ՝ 'Ան որ Ինծի կը հաւատայ, այն գործերը որ ես կը գործեմ, ինք ալ պիտի գործէ եւ անոնցմէ աւելի մեծ գործեր պիտի գործէ': Վասն զի ես Հօրս քով կ'երթամ»: (Յովհաննու 14.12):

Եթէ որեւէ մէկը յայտնաբերէ հոգեւոր աշխարհի այն տեսակի զօրութիւնը՝ որը միայն Աստուծմով կարելի կ'ըլլայ, այն ատեն այդ անձը կը ճանչցուի թէ ինք Աստուծմէ է: Ինչպէս որ Սաղմոս 62.11 մեզ կը յիշեցնէ ըսելով. «Մէկ անգամ խօսեցաւ Աստուած. երկու անգամ լսեցի ասիկա, թէ զօրութիւնը Աստուծոյ կը պատկանի», թշնամի Բանսարկուն եւ Սատանան չեն կրնար յայտնաբերել այնպիսի զօրութիւն՝ որ կը պատկանի Աստուծոյ: Անշուշտ, որովհետեւ հոգեւոր էակներ են, անոնք գերազանց ուժ ունին մարդիկը խաբելու եւ զանոնք ստիպելու որ Աստուծոյ դէմ կենան: Ամէն պարագայի, մէկ ազդակ մը հաստատ կը մնայ, որը հետեւեալն է. ոչ մէկ ուրիշ էակ մը կրնայ ընդօրինակել կամ կեղծել Աստուծոյ զօրութիւնը՝ որով Աստուած կը կառավարէ կեանքը, մահը, օրհնութիւնը, անէծքը, եւ մարդկային պատմութիւնը, որ կը ստեղծէ բան մը՝ ոչինչէն: Զօրութիւնը կը պատկանի Աստուծոյ՝ որ լոյս է: Այդ զօրութիւնը կրնայ յայտնաբերուիլ միայն այն անձերուն կողմէ՝ որոնք սրբագործութիւն իրագործած են եւ որոնք հասած են Յիսուս Քրիստոսի հաւատքի կատարեալ չափին:

Տարբերութիւններ՝ Աստուծոյ Իշխանութեան, Կարողութեան, եւ Զօրութեան միջեւ

Նշանակելով կամ ակնարկելով Աստուծոյ կարողութեան, շատ մարդիկ Աստուծոյ իշխանութիւնը, կարողութիւնը, եւ զօրութիւնը իրար կը հաւասարցնեն: Այսուհանդերձ, յստակ տարբերութիւն կայ այս երեքին միջեւ:

«Կարողութիւնը» հաւատքի զօրութիւնն է, որով մարդու համար անկարելի եղած բանը Աստուծոյ համար կարելի է: «Իշխանութիւնը» այդ հանդիսաւոր, արժանապատիւ, եւ մեծաշուք զօրութիւնն է՝ զոր Աստուած հաստատած է, եւ հոգեւոր աշխարհին մէջ առանց մեղքի ըլլալու վիճակը՝ զօրութիւն է: Այլ խօսքով, իշխանութիւնը ինքնին սրբագործութիւն է, եւ Աստուծոյ այն զաւակները որոնք ամբողջութեամբ ձերբազատուած են չարութենէ եւ իրենց սրտերուն մէջի անարդարութենէն, կրնան ստանալ հոգեւոր այս իշխանութիւնը:

Ուրեմն ի՞նչ է «զօրութիւնը»: Անիկա կ'ակնարկէ Աստուծոյ կարողութեան եւ իշխանութեան, զոր Ինք կը շնորհէ բոլոր անոնց վրայ՝ որոնք խուսափած են ամէն տեսակի չարութիւններէ եւ սրբագործուած են:

Առնենք օրինակ մը: Եթէ վարորդ մը «կարողութիւնը» ունի ինքնաշարժ քշելու, այն ատեն ուրեմն երթեւեկութիւնը կառավարող պաշտօնեան «իշխանութիւնը» ունի որեւէ ինքնաշարժ կեցնելու: Այս իշխանութիւնը – որեւէ ինքնաշարժ կեցնելու եւ զայն դարձեալ ճամբան ղրկելու – պաշտօնէական տրուած է կառավարութեան կողմէ: Ուրեմն, հակառակ որ վարորդը «կարողութիւնը» ունի իշնաշարժ քշելու, սակայն որովհետեւ անիկա երթեւեկութեան պաշօնեային «իշխանութիւնը» չունի, երբ պաշտօնեան իրեն ըսէ որ կենայ եւ կամ երթայ, վարորդը պէտք է հնազանդի ու կատարէ պաշտօնեային ըսածը:

Այս ձեւով է որ իշխանութիւնը եւ կարողութիւնը կը զանազանուին իրարմէ, եւ երբ իշխանութիւնը եւ կարողութիւնը իրար կը միանան, մենք այդ կը կոչենք՝ զօրութիւն: Մատթէոս 10.1-ի մէջ մենք կը գտնենք հետեւեալը. «Յիսուս Իր քով կանչելով Իր տասներկու աշակերտները, անոնց իշխանութիւն տուաւ պիղծ ոգիներուն վրայ, որպէս զի զանոնք հանեն եւ ամէն ցաւ ու ամէն հիւանդութիւն բժշկեն»: Զօրութիւնը անհրաժեշտ է թէ՛ չար ոգիներ դուրս հանելու «իշխանութեան», եւ թէ հիւանդութիւններ ու տկարութիւններ բժշկելու «կարողութեան»:

Տարբերութիւն՝ Բժշկութեան Պարգեւին եւ Զօրութեան միջեւ

Անոնք որոնք ծանօթ չեն Աստուծոյ (որ լոյս է) զօրութեան, յաճախ զայն կը հաւասարցնեն բժշկութեան պարգեւին հետ: Ա. Կորնթացիս 12.9-ի մէջ յիշուած բժշկութեան պարգեւը կը վերագրուի ժահրով վարակուած խանձող հիւանդութիւններ բժշկելու գործին: Բժշկութեան պարգեւը չկրնար խուլ ըլլալը եւ համր ըլլալը բժշկել, որոնք կը յառաջանան մարմնի մասերու այլասերումով, կամ ջղային բջիջներու մեռնելովը: Այսպիսի հիւանդութիւններու պարագաներ կամ անկարողութիւններ կրնան միայն Աստուծոյ զօրութեամբ բժշկուիլ, եւ հաւատքի աղօթքով՝ որը կը հաճեցնէ զԱստուած: Աւելին, մինչ Աստուծոյ (որ լոյս է) զօրութիւնը ամէն ժամանակ կը յայտնուի, բժշկութեան պարգեւը միշտ չէ որ կը գործէ:

Միւս կողմէ, Աստուած բժշկութեան պարգեւը կու տայ անոնց՝ որոնք կը սիրեն եւ յարատեւ կ'աղօթեն ուրիշներուն եւ անոնց հոգիներուն համար, եւ որոնց Աստուած կը նկատէ ըլլալ համարձակ եւ գործածական անօթներ, անկախ այն իրողութենէն թէ անոնք ո՞ր աստիճան սրբագործած են իրենց սրտերը: Ամէն պարագայի, եթէ բժշկութեան պարգեւը գործածուի ոչ թէ Աստուծոյ փառքին համար, այլ եթէ անիկա անօրինական ձեւով գործածուի եւ մէկու մը իր անձնական շահերուն համար, այն ատեն Աստուած վստահաբար ետ պիտի առնէ զայն:

Միւս կողմէն, Աստուծոյ զօրութիւնը կը տրուի միայն անոնց՝ որոնք իրագործած են սրտի մաքրագործումը. եւ անգամ մը որ տրուի՝ անիկա չտկարանար կամ չթառամիր, որովհետեւ այդ պարգեւը ընդունողը բնաւ զայն պիտի չգործածէ իր անձնական շահին համար: Ընդհակառակը, անհատը որքան աւելի շատ նմանի Տէրոջը սրտին, այնքան աւելի բարձր մակարդակներ պիտի շնորհէ Աստուած անոր վրայ: Եթէ մէկու մը սիրտը եւ իր վերաբերմունքը մէկ կ'ըլլան Տէրոջ հետ միասին, այդ անձը կրնայ նոյնիսկ ճիշդ Աստուծոյ զօրութեան գործը յայտնաբերել, բան մը՝ որ Ինքնին Յիսուս յայտնաբերած էր:

Տարբերութիւններ կան այն կերպերուն միջեւ՝ որով Աստուծոյ զօրութիւնը կը յայտնաբերուի: Բժշկութեան պարգեւը չկրնար մահացու կամ հազուագիւտ հիւանդութիւններ բժշկել, եւ շատ աւելի դժուար է բժշկութեան պարգեւով բժշկուիլը անոնց՝ որոնք քիչ հաւատք ունին: Ամէն պարագայի, Աստուծոյ զօրութիւնով, որ լոյս է, ոչ մէկ բան անկարելի կ'ըլլայ: Երբ հիւանդը նոյնիսկ պզտիկ փաստ մը ցոյց կու տայ իր հաւատքին նկատմամբ, Աստուծոյ զօրութեամբ՝ բժշկութիւնը անմիջապէս տեղի կ'ունենայ: Հոս, «հաւատք» ըսելով կ'ակնարկուի հոգեւոր հաւատքի՝ որով մէկը իր սրտին ներսէն կը հաւատայ:

Աստուծոյ (որ լոյս է) Զօրութեան Չորս Մակարդակները

Յիսուս Քրիստոսի միջոցաւ, որ նոյնն է երէկ եւ այսօր, որեւէ մէկը, որ յարմար անօթ սեպուած է Աստուծոյ առջեւ, Իր զօրութիւնը պիտի յայտնաբերէ:

Գոյութիւն ունին շատ տարբեր մակարդակներ՝ Աստուծոյ զօրութեան յայտնաբերման մէջ: Որքան աւելի շատ իրագործես հոգիի ամբողջութիւնը, այդքան աւելի բարձր զօրութեան մակարդակի մէջ պիտի մտնես եւ զօրութեան աւելի բարձր մակարդակ պիտի ստանաս: Այն մարդիկը՝ որոնց հոգեւոր աչքերը բացուած են, կրնան լոյսի տարբեր

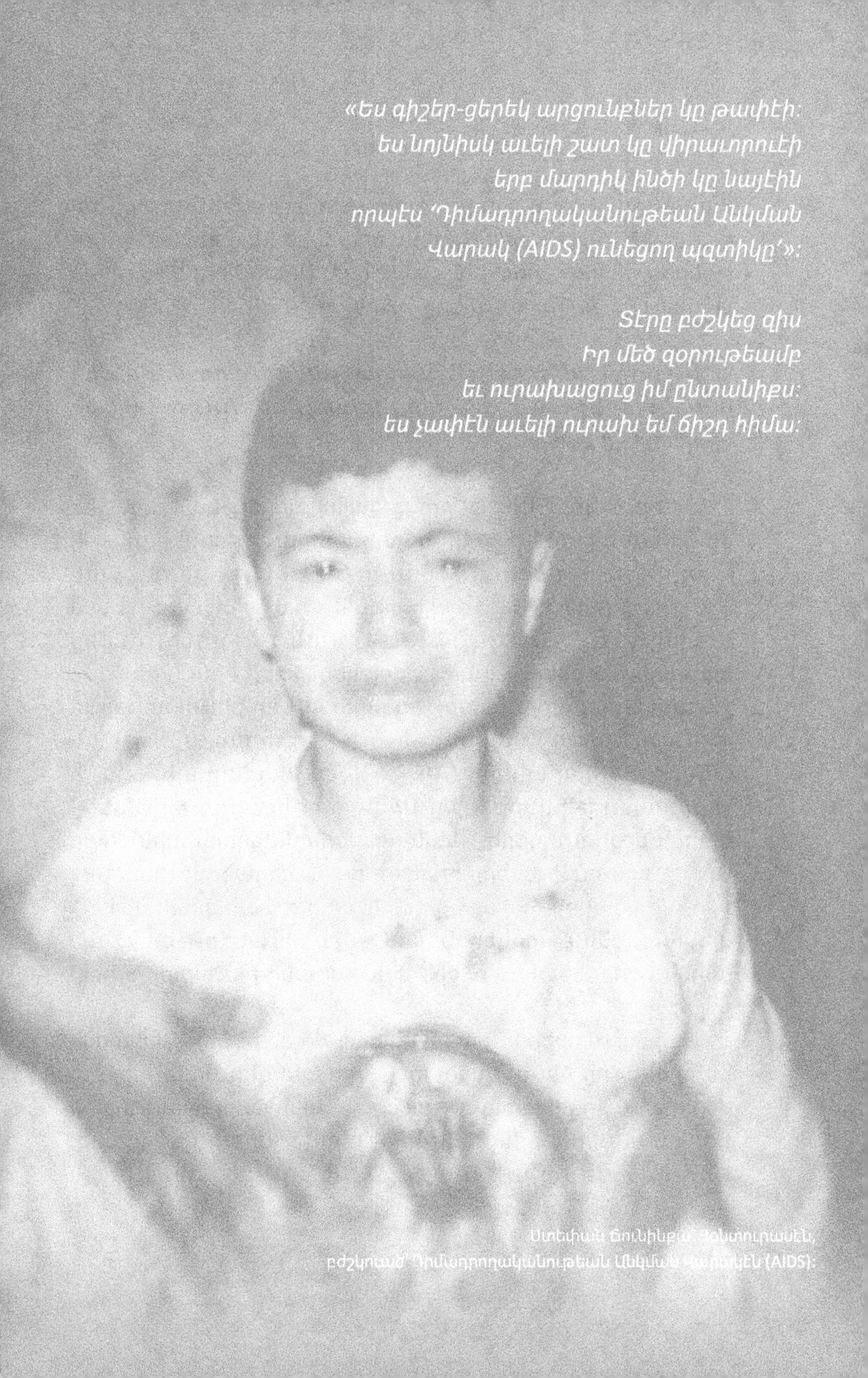

«Ես գիշեր-ցերեկ արցունքներ կը թափէի:
Ես նոյնիսկ աւելի շատ կը վիրաւորուէի
երբ մարդիկ ինծի կը նայէին
որպէս 'Դիմադրողականութեան Անկման
Վարակ (AIDS) ունեցող պզտիկը'»:

Տէրը բժշկեց զիս
Իր մեծ զօրութեամբ
եւ ուրախացուց իմ ընտանիքս:
Ես չափէն աւելի ուրախ եմ ճիշդ հիմա:

Ստեփան Ճունիսեա, Հոնտուրասէն,
բժշկուած՝ Դիմադրողականութեան Անկման Վարակէն (AIDS):

մակարդակներու փայլատակումներ տեսնել՝ Աստուծոյ զօրութեան իւրաքանչիւր մակարդակին համեմատ: Որպէս էակներ, մարդ արարածները կրնան Աստուծոյ զօրութեան մինչեւ չորս մակարդակները յայտնաբերել:

Զօրութեան առաջին մակարդակը Աստուծոյ ուժին յայտնաբերումն է՝ կարմիր լոյսով, որ Սուրբ Հոգիին կրակովը կը քանդէ:

Սուրբ Հոգիին կրակը որ կը ցայտի զօրութեան առաջին մակարդակէն, եւ որը կը յայտնաբերուի կարմիր լոյսով, կ'այրէ եւ կը բժշկէ հիւանդութիւնները, ներառեալ՝ մանրէներով եւ ժահրէներով վարակուած հիւանդութիւններ. նաեւ կրնան բժշկուիլ ուրիշ հիւնադութիւններ, ինչպէս՝ քաղցկեղ, թոքի հիւանդութիւն, շաքարախտ, արիւնախտ, երկիկամունքի հիւանդութիւն, յօդացաւ, սրտի հարցեր, եւ դիմադրողականութեան անկաման վարակներ (AIDS): Ամէն պարագայի, այս չի նշանակեր թէ վերը յիշուած բոլոր հիւանդութիւնները կրնան բժշկուիլ զօրութեան առաջին մակարդակին վրայ: Այն հիւանդութիւնները որոնք արդէն անցած են Աստուծոյ որոշած կեանքի սահմանը, ինչպէս որ է պարագան վերջին մակարդակի քաղցկեղին կամ թոքի հիւանդութեան, այն ատեն զօրութեան առաջին մակարդակը բաւարար պիտի չըլլայ:

Մարմնի մասերու (որոնք վնասուած են եւ կամ անկարող են օրինաւոր ձեւով գործելու) վերականգնումը աւելի մեծ զօրութիւն կը պահանջէ, որովհետեւ անիկա ոչ միայն պիտի բժշկէ, այլ նաեւ մարմնի նոր մասեր պիտի վերաշինէ: Նոյնիսկ այսպիսի պարագայի մը մէջ, հիւանդին

*«Ես տեսայ լոյսը...
ես վերջապէս դուրս եկայ
տասնըչորս տարուայ երկար
փապուղիէն...
ես յոյսս կտրած է ինքզինքիս
վրայ,
սակայն ես վերստին ծնունդ
ունեցայ
Տէրոջը զօրութեամբ»:*

Շամա Մասազ՝ Փաքիստանէն,
արձակուած՝ 14 տարուայ դիւահարութենէ:

ցուցաբերած հաւատքի աստիճանը, ինչպէս նաեւ անոր ընտանիքի անդամներուն իրեն հանդէպ ցոյց տուած սիրոյ հաւատքը, պիտի սահմանեն մակարդակը՝ որով Աստուած պիտի յայտնաբերէ Իր զօրութիւնը:

Իր հիմնադրութեան օրէն սկսեալ, Մէնմին Կեդրոնական եկեղեցիին մէջ զօրութեան առաջին-մակարդակի անթիւ յայտնութիւններ եղած են: Երբ մարդիկ կը հնազանդէին Աստուծոյ խօսքին եւ աղօթք կը ստանային, ամէն տեսակի հիւանդութիւններ կը մաքրուէին, հոգ չէ թէ ինչ վիճակներու մէջ կամ որքան սաստիկ եղած ըլլային այդ հիւանդութիւնները: Երբ մարդիկ հետս կը ձեռնուէին կամ երբ հագուստներուս ծայրը կը դպչէին, երբ աղօթք կը ստանային թաշկինակներուն միջոցաւ՝ որոնց վրայ ես նախապէս աղօթած կ'ըլլայի, երբ հեռախօսային պատգամներու միջոցաւ ինքնագործ դրութեամբ արձանագրուած աղօթքը կը ստանային, կամ երբ ես կ'աղօթէի հիւանդներու նկարներուն վրայ, մենք դարձեալ ու դարձեալ ականատես կը դառնայինք Աստուծոյ հրաշագործ բժշկութիւններուն:

Զօրութեան առաջին մակարդակի գործը սահմանափակուած չէ Սուրբ Հոգիին կրակովը քանդելու արարքին: Նոյնիսկ վայրկեանի մը համար, երբ մէկը հաւատքով կ'աղօթէ եւ կը ներշնչուի, Սուրբ Հոգիէն ազդուելով եւ Սուրբ Հոգիով լեցուելով, որեւէ անհատ մը կրնայ Աստուծոյ զօրութեան նոյնիսկ աւելի մեծ գործերը յայտնաբերել: Այսուհանդերձ, ասիկա ժամանակաւոր պատահար մըն է եւ չապացուցաներ անհատի մը տեւականապէս Աստուծոյ զօրութեամբ միխճուած ըլլալը: Ասիկա կը պատահի միայն այն ատեն՝ երբ կը յարմարի Աստուծոյ կամքին:

Զօրութեան երկրորդ մակարդակը Աստուծոյ ուժին յատնաբերումն է՝ կապոյտ լոյսով:

Մաղաքեայ 4.2 մեզի այսպէս կ'ըսէ. «Բայց ձեզի՝ Իմ անունէս վախցողներուդ՝ արդարութեան արեգակը պիտի ծագի: Անոր թեւերուն վրայ բժշկութիւն պիտի ըլլայ ու դուք գոմի պարարտ հորթերու պէս դուրս պիտի ելլէք ու պիտի ցատկէք»: Այն մարդիկը, որոնց հոգեւոր աչքերը բացուած են, կրնան տեսնել լէյզըրի նման լոյսերու նշոյլներ, որոնք բժշկութեան ճառագայթներ կը ծագեցնեն:

Զօրութեան երկրորդ մակարդակը դուրս կը քշէ խաւարը եւ կ'ազատագրէ այն մարդոց՝ որոնք դիւահարներ են՝ Սատանայէն կառավարուած, եւ զանազան տեսակի չար ոգիներէ տիրապետուած: Շարք մը մտային հիւանդութիւններ, որոնք բերուած են խաւարի ուժերուն կողմէ, ներառեալ՝ նեարդային գործարանի խանգարում, ջղային խորտակում, եւ նման բաներ կը բժշկուին երկրորդ մակարդակի զօրութեամբ:

Այս տեսակի հիւանդութիւնները կրնան արգիլուիլ եթէ մենք «Ամէն ատեն ուրախ ըլլանք» եւ «Ամէն բանի համար փառք տանք»: Փոխանակ ամէն ատեն ուրախ ըլլալու եւ փառք տալու ամէն պարագաներու մէջ, եթէ դուն սկսիս ատել ուրիշները, գէշ զգացումներ սնուցանես, ժխտական ձեւով մտածես, եւ շուտով բարկութեան գրգռուիս, այն ատեն դուն աւելի ենթակայ պիտի ըլլաս այսպիսի հիւանդութիւններու: Երբ դուրս կը հանուին Սատանային ուժերը, որոնք մարդը կը մղեն տիրանալու չար խորհուրդի եւ չար սրտի, այդ բոլոր մտային հիւանդութիւնները բնականաբար կը բժշկուին:

Ատեն ատեն, Աստուծոյ զօրութեան երկրորդ մակարդակով ֆիզիքական հիւանդութիւններ եւ տկարութիւններ կը բժշկուին: Այսպիսի հիւանդութիւններ եւ անկարողութիւններ, դեւերու եւ չար ոգիներու կողմէ կերտուած, կը բժշկուին Աստուծոյ զօրութեան երկրորդ մակարդակի լոյսին միջոցաւ: Հոս, «անկարողութիւններ» ըսելով կ'ակնարկուի մարմնի մասերու այլակերպութեան եւ անոնց անդամալուծութեան, ինչպէս որ է պարագան անոնց՝ որոնք համր, խուլ, հաշմանդամ, կոյր, ի ծնէ անդամալոյծ, եւ ասոնց նման բաներ ունին:

Մարկոս 9.14-էն սկսեալ կայ տեսարան մը՝ ուր Յիսուս տղու մը մէջէն դուրս հանեց «խուլ եւ համր ոգի մը» (25-րդ համար): Այս տղան համր դարձած էր՝ իր մէջը գտնուող չար ոգիի մը պատճառով: Երբ Յիսուս չար ոգին դուրս հանեց, տղան անմիջապէս բժշկուեցաւ:

Նոյն իմաստով, երբ հիւանդութեան պատճառը խաւարի ուժն է ներառեալ՝ դեւերը, չար ոգիները պէտք է դուրս հանուին որպէսզի հիւանդը բժշկուի: Եթէ մէկը իր մարսողութեան դրութեան մէջ կը տառապի՝ ջղային խորտակումի հետեւանքով, պատճառը պէտք է արմատախիլ ըլլայ՝ դուրս հանելով Սատանային ուժը: Այսպիսի հիւանդութիւններու պարագային ինչպէս՝ անդամալուծութիւն եւ յօդացաւ, խաւարի ուժին գործը, ինչպէս նաեւ անոր բեկորները կրնան գտնուիլ: Երբեմն, հակառակ որ բժշկական ախտաճանաչումը չկրնար երեւան հանել եթէ ֆիզիքապէս որեւէ բան մը սխալ է կամ ոչ, մարդիկ հոս ու հոն ցաւէ կը տառապին իրենց մարմիններուն մէջ: Երբ ես կ'աղօթեմ որեւէ մէկու մը համար

«Օ՜հ, Աստուած իմ...
Ասիկա ի՞նչպէս կարելի է:
Ի՞նչպէս կարելի եղաւ որ ես կը քալեմ»:

Քենիայէն ծեր կին մը սկսաւ քալել
պարզապէս խորանէն աղօթելէն ետք միայն:

որ այս ձեւով կը տառապի, ուրիշներ՝ որոնց հոգեւոր աչքերը բացուած են, յաճախ կը տեսնեն որ խաւարի ուժերը կը ձգեն հիւանդին մարմինը՝ անասնական զզուելի կերպարանքներով:

Հիւանդութիւններու եւ անկարողութիւններու մէջ խաւարի ուժերուն ներկայութենէն զատ, Աստուծոյ (որ լոյս է) զօրութեան երկրորդ մակարդակը կրնայ նաեւ դուրս քշել խաւարի ուժերը, որոնք կը գտնուին մէկու մը տունին, առեւտուրին, եւ գործին մէջ: Երբ անհատ մը, որ կրնայ Աստուծոյ զօրութեան երկրորդ մակարդակը յայտնաբերել, կ'այցելէ այն անձերը՝ որոնք կը տառապին տունին մէջ հալածանքէ, եւ գործատեղիին ու առեւտուրին մէջ նեղութիւններէ, երբ խաւարը դուրս կը քշուի եւ լոյսը կը ծագի այդ մարդոց վրայ, իրենց արարքներուն համեմատ օրհնութիւններ կը թափին անոնց վրայ:

Մեռելները վերակենդանացնելը կամ Աստուծոյ կամքին համաձայն մէկու մը կեանքը վերջացնելը նաեւ Աստուծոյ զօրութեան երկրորդ մակարդակի գործն է: Հետեւեալ պարագաները կ'իյնան այս դասակարգին մէջ. Պօղոս առաքեալի միջոցաւ Եւտիքոս անունով երիտասարդի մը վերակենդանացումը (Գործք Առաքելոց 20.9-12), Անանիայի եւ Սափիրայի՝ Պօղոս առաքեալին խաբելը, եւ հետեւաբար Պօղոսի անէծքը՝ որուն արդիւնքը եղաւ իրենց մահը (Գործք Առաքելոց 5.1-11), եւ Եղիսէ մարգարէին՝ պզտիկները անիծելը, որուն հետեւանքը նոյնպէս անոնց մահը եղաւ (Բ. Թագաւորաց 2.23-24):

Ամէն պարագայի, հիմնական տարբերութիւններ կան Յիսուսի գործին, եւ Պօղոս ու Պետրոս առաքեալներուն, եւ

«Նոյնիսկ ես չէի ուզեր նայիլ իմ մարմնիս
որ ամբողջութեամբ եփուած էր…

Երբ ես մինակ էի,
Անիկա ինծի եկաւ,
Իր ձեռքը երկարեց ինծի,
եւ զիս դրաւ Իր կողքին…
Իր մեծ սիրով ու նուիրումով
ես նոր կեանք ստացած եմ հիմա…
Արդե՞օք կայ բան մը
որ ես պիտի չկարենայի ընել Տէրոջը
համար»:

Աւագ Սարկաւագուհի Եունտիւք Քիմ,
բժշկուած՝ երրորդ-աստիճանի այրուածքէ
գլուխէն մինչեւ ոտքին մատը:

Եղիսէ մարգարէին գործերուն միջեւ: Ի վերջոյ, Աստուած՝ որպէս բոլոր հոգիներուն Տէրը, պէտք էր արտօնէր մէկու մը՝ եթէ անհրաժեշտ էր որ այդ անձը ապրէր կամ առնուէր: Այսուհանդերձ, որովհետեւ Յիսուս եւ Աստուած մէկ եւ միեւնոյնն են, այն ինչ որ Յիսուս կը փափաքէր, Աստուած ալ կը փափաքէր: Այս է թէ ինչու Յիսուս կրցաւ մեռելները վերակենդանացնել՝ պարզապէս անոնց Իր Խօսքով հրամայելով միայն (Յովհաննու 11.43-44), մինչ ուրիշ մարգարէներ եւ առաքեալներ պէտք էր Աստուծոյ կամքը հարցնէին եւ Իր հաւանութիւնը ստանային, որպէսզի կարենային որեւէ մէկը վերակենդանացնել:

Զօրութեան երրորդ մակարդակը Աստուծոյ ուժին յայտնաբերումն է՝ ճերմակ կամ առանց գոյնի լոյսով, եւ անոր կ'ընկերակցին ամէն տեսակի նշաններ, նաեւ ստեղծագործութեան գործը:

Աստուծոյ (որ լոյս է) զօրութեան երրորդ մակարդակին կը յայտնաբերուին ամէն տեսակի նշաններ, ինչպէս նաեւ ստեղծագործութեան գործը: Հոս, «նշանները» կը վերագրուին բժշկութիւններուն՝ որոնց միջոցաւ կոյրերը կը սկսին տեսնել, համրերը կը խօսին, եւ խուլերը կը լսեն: Հաշմանդամները ոտքի կ'ելլեն եւ կը քալեն, կարճցած ոտքերը կ'երկննան, եւ մանկական անդամալուծութիւնը կամ ուղեղային անդամալուծութիւնը կատարելապէս կը բժշկուի: Մարմնի ձեւափոխուած մասերը կամ մարմնին ի ծնէ բոլորովին այլասերած մասերը կը վերակազմուին: Ջարդուած ոսկորները դարձեալ իրարու կը միանան, պակսած ոսկորները կը ստեղծուին, կարճ լեզուները կը սկսին աճիլ, եւ բարակ ջիղերը դարձեալ իրարու կը կապուին: Աւելին, որովհետեւ Աստուծոյ զօրութեան առաջին, երկրորդ, եւ երրորդ մակարդակի լոյսերը բոլորը միասին միաժամանակ կը յայտնաբերուին երրորդ մակարդակի ժամանակ, ինչպէս որ անհրաժեշտ կ'ըլլայ, այն ատեն ոչ մէկ հիւանդութիւն եւ անկարողութիւն հարց պիտի ստեղծէ:

Նոյնիսկ եթէ մէկը գլուխէն մինչեւ ոտքին ծայրը այրած է եւ իր բջիջներն ու մկանները այրած են, կամ նոյնիսկ եթէ եռացած ջուրէն միսը եփած է, Աստուած կրնայ ամէն բան նոր ստեղծել: Որովհետեւ Աստուած կրնայ ոչինչէն բան մը ստեղծել, նոյնպէս ալ Ան կրնայ շտկել ոչ միայն անկենդան առարկաները, ինչպէս՝ մեքենաներ, այլ նաեւ մարդկային մարմնի մասեր, որոնք լաւ չեն:

Մէնմին Կեդրոնական եկեղեցիին մէջ, թաշկինակի աղօթքով կամ հեռախօսային ինքնագործ հաղորդագրութիւններու միջոցաւ՝ ներքին գործարաններ, որոնք օրինաւոր ձեւով չեն գործած եւ կամ սաստիկ կերպով վնասուած են, կը վերահաստատուին: Երբ վայրագօրէն վնասուած թոքեր կը բժշկուին, մինչ երիկամունքներ եւ լեարդներ՝ որոնք պէտք ունին փոխատնկուելու, բնական կը դառնան, Աստուծոյ զօրութեան երրորդ մակարդակին ստեղծագործութեան ուժի գործերը անդադար կը յայտնաբերուին:

Մէկ ազդակ մը կայ որ պէտք է յստակօրէն զանազանուի: Մէկ կողմէն, եթէ մարմնի մասի մը գործունէութիւնը կը վերանորոգուի, որ առաջ տկար եւ թոյլ եղած էր, այդ Աստուծոյ զօրութեան առաջին մակարդակի գործն է: Միւս կողմէն, եթէ մարմնի մասի մը գործունէութիւնը, որ նախապէս կազդուրուելու ոչ մէկ առիթ ունեցած էր, կը վերանորոգուի կամ նոր կը ստեղծուի, այդ Աստուծոյ զօրութեան երրորդ մակարդակի գործն է, այսինքն՝ ստեղծագործութեան զօրութիւնը:

Զօրութեան չորրորդ մակարդակը Աստուծոյ ուժին յատնաբերումն է՝ ոսկեգոյն լոյսով, եւ անիկա զօրութեան պտուղին արդիւնքն է:

Ինչպէս որ մենք կրնանք տեսնել Յիսուսի կողմէ յայտնաբերուած զօրութեան գործէն, չորրորդ մակարդակի զօրութիւնը կը կառավարէ բոլոր բաները, կ'իշխէ կլիմային վրայ, եւ նոյնիսկ անկենդան առարկաներուն կը հրամայէ որ հնազանդին: Մատթէոս 21.19-ի մէջ, երբ Յիսուս թզենի մը անիծեց, մենք կը գտնենք հետեւեալ արդիւնքը. «Եւ իսկոյն թզենին չորցաւ»: Մատթէոս 8.23-էն անդին մենք կը գտնենք տեսարան մը՝ որուն մէջ Յիսուս հրամայեց հովերուն եւ ալիքներուն, եւ անմիջապէս ամբողջովին խաղաղութիւն տիրեց: Նոյնիսկ բնութիւնը եւ այսպիսի անկենդան առարկաներ ինչպէս՝ հովերը եւ ծովը, հնազանդեցան երբ Յիսուս հրամայեց անոնց:

Անգամ մը Յիսուս Պետրոսին ըսաւ որ նաւը յառաջ տանի խորունկ ջուրին մէջ, եւ ուռկանները արձակէ ձուկ որսալու համար, եւ երբ Պետրոս հնազանդեցաւ, անիկա այնքան մեծ թիւով ձուկեր որսաց՝ որ ուռկանը կը պատըռտէր (Ղուկաս 5.4-6): Ուրիշ ատեն մը, Յիսուս ըսաւ Պետրոսին. «...գնա՛ ծովը եւ կարթը ձգէ ու առաջին ձուկը որ կ'ելլէ՝ ա՛ռ եւ անոր բերանը բանալով սատեր մը պիտի գտնես: Անոնց տուր Ինծի եւ քեզի համար» (Մատթէոս 17.24-27):

Որովհետեւ Աստուած տիեզերքին մէջ բոլոր բաները Իր

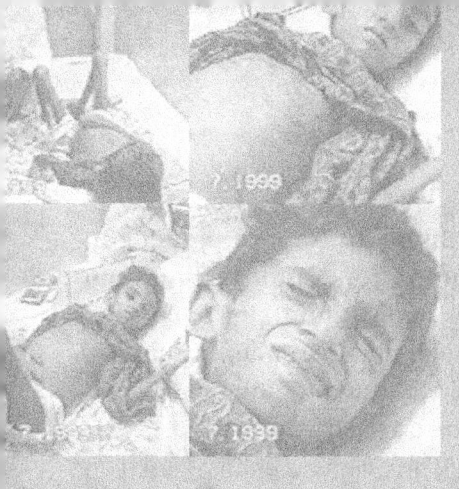

*«Այդ ո՜րքան մեծ ցաւ կը պատճառէ ինծի...
ա՜յնքան մեծ ցաւ կը պատճառէ
որ ես չեմ կրնար իմ աչքերս բանալ...
Ոչ մէկը գիտէր թէ ես ինչ կը զգայի,
բայց Տէրը այդ բոլորը գիտէր
եւ Ինք բժշկեց զիս»:*

Սինթիա՝ Փաքիստանէն,
բժշկուած՝ որովայնի հիւանդութենէ
եւ աղեփակութենէ:

Խօսքով ստեղծեց, անոր համար երբ Յիսուս հրամայեց տիեզերքին, անիկա հնազանդեցաւ Իրեն եւ իրական դարձաւ: Նոյն իմաստով, անգամ մը որ մենք ճշմարիտ հաւատքի տիրանանք, այն ատեն վստահ պիտի ըլլանք թէ մենք ինչ բանի կը յուսանք եւ հաստատ պիտի ըլլանք այն բանին վրայ՝ զոր չենք տեսներ (Եբրայեցիս 11.1): Հետեւաբար, զօրութեան գործը, որ բոլոր բաները ոչինչէն կը ստեղծէ, պիտի յայտնաբերուի:

Աւելին, Աստուծոյ ուժին չորրորդ մակարդակին վրայ կը յայտնաբերուի զօրութեան գործը, որ կը գերազանցէ ժամանակը եւ միջոցը:

Յիսուսի յայտնաբերած Աստուածային զօրութեան գործերուն միջեւ կային կարգ մը յայտնաբերումներ, որոնք կը գերազանցէին ժամանակն ու միջոցը: Մարկոս 7.24-էն անդին կայ տեսարան մը, որուն մէջ կին մը կ'աղաչէ Յիսուսի որ իր դիւահար աղջիկը բժշկէ: Տեսնելով այդ կնոջ խոնարհութիւնը եւ հաւատքը, Յիսուս ըսաւ անոր. «Այդ խօսքիդ համար գնա՛, քու աղջիկէդ դեւը ելաւ» (29-րդ համար): Երբ կինը տուն վերադարձաւ, անիկա իր աղջիկը անկողինը պառկած գտաւ, եւ դեւը իրմէ ելած:

Հակառակ որ Յիսուս այդ հիւանդներէն իւրաքանչիւրը անձնապէս չայցելեց, սակայն երբ տեսաւ հիւանդներուն հաւատքը եւ հրամայեց, անմիջապէս բժշկութիւններ տեղի ունեցան, գերազանցելով ժամանակն ու միջոցը:

Յիսուսի ջուրին վրայ քալելը, որը զօրութեան այնպիսի գործ մըն էր՝ որ միայն Ինքը յայտնաբերած էր, նոյնպէս կը վկայէ այն իրողութիւնը թէ տիեզերքին մէջ ամէն բաները

Յիսուսի իշխանութեան տակ կը գտնուին:

Աւելին, Յովհաննու 14.12-ի մէջ Յիսուս մեզի կ'ըսէ. «Ճշմարիտ ճշմարիտ կ'ըսեմ ձեզի թէ՝ 'Ան որ Ինծի կը հաւատայ, այն գործերը որ Ես կը գործեմ, ինք ալ պիտի գործէ եւ անոնցմէ աւելի մեծ գործեր պիտի գործէ': Վասն զի Ես Հօրս քով կ'երթամ»: Ճիշդ ինչպէս որ Յիսուս մեզ վստահեցուց, իսկապէս Աստուծոյ զօրութեան հրաշալի եւ ապշեցուցիչ գործերը կը յայտնաբերուին Մէնմին Կեդրոնական Եկեղեցւոյ մէջ այսօր:

Օրինակի համար, տեղի կ'ունենան զանազան հրաշքներ՝ որուն ժամանակ կլիման կը փոխուի: Երբ ես կ'աղօթեմ, թափող անձրեւը ակնթարթի մը մէջ կը կենայ. շատ մութ ամպ մը ետ կը քաշուի. եւ անարատ երկնակամար մը ակնթարթի մը մէջ ամպերով կը լեցուի: Եղած են նաեւ անհամար թիւով պարագաներ, որուն ընթացքին անկենդան առարկաներ կը հնազանդէին իմ աղօթքիս: Նոյնիսկ կեանքի դէմ սպառնացող պարագայ մը, որ պատահեցաւ ածխածնային կազի թունաւորումով, իմ հրամանէս մէկ կամ երկու վայրկեաններ ետք, այն անձը՝ որ իր գիտակցութիւնը կորսնցուցած էր, դարձեալ կազդուրուեցաւ եւ չտառապեցաւ որեւէ մէկ կողմնակի ազդեցութիւններէ: Երբ ես աղօթեցի անհատի մը վրայ, որ երրորդ-աստիճանի այրուածքէ կը տառապէր, եւ հրամայեցի ըսելով. «Այրուելու զգացում, անհետացի՛ր», այդ անձը այլեւս ոչ մէկ ցաւ զգաց:

Աւելին, Աստուծոյ զօրութեան գործը, որ կը գերազանցէ ժամանակն ու միջոցը, տեղի կ'ունենայ աւելի եւս զարհուրելի մեծութեամբ: Սինթիայի պարագան, Փաքիստանի Մէնմին Եկեղեցւոյ Հովիւ՝ Արժ. Ուիլսըն Ճոն

Կիլի աղջիկը, մասնաւորապէս կը բացայայտէ այս երեւոյթը: Երբ ես Սէուլի մէջ, Քորէա, աղօթեցի Սինթիային նկարին վրայ, աղջիկ մը՝ որուն վրայ բժիշկները ամէն յոյս կտրած էին, շուտով կազդուրուեցաւ այն վայրկեանէն որ ես աղօթեցի իրեն համար՝ հազարաւոր մղոններ հեռու տեղէ մը:

Աստուծոյ զօրութեան չորրորդ մակարդակին վրայ՝ հիւանդութիւններ բժշկելու, խաւարի ուժերը դուրս քշելու, նշաններ եւ հրաշքներ ցոյց տալու, եւ բոլոր բաներուն հրամայելու որ հնազանդին, մէկ խօսքով՝ զօրութեան առաջին, երկրորդ, երրորդ, եւ չորրորդ մակարդակի միացեալ այս բոլոր գործերը կը յայտնաբերուին :

Ստեղծագործութեան Ամենէն Բարձր Զօրութիւնը

Աստուածաշունչը կ'արձանագրէ Յիսուսի հզօր գործերուն յայտնաբերումները՝ որոնք չորրորդ մակարդակի զօրութենէն աւելի վեր են: Զօրութեան այս մակարդակը, այսինքն՝ Ամենէն Բարձր Զօրութիւնը, կը պատկանի Ստեղծիչին: Այս զօրութիւնը չի յայտնաբերուիր այն նոյն մակարդակին վրայ՝ որով մարդ արարածները կարող կ'ըլլան յայտնաբերելու Աստուծոյ զօրութիւնը: Փոխարէնը, այդ զօրութիւնը կու գայ հիմնական լոյսէն, որ կը լուսաւորէր՝ երբ Աստուած մինակը գոյութիւն ունէր:

Յովհաննու 11-րդ գլխուն մէջ, Յիսուս հրամայեց Ղազարոսին, որ չորս օրուայ մեռած էր եւ որուն մարմինը սոսկալի հոտով կը միսար, եւ Յիսուս մեծ ձայնով կանչեց. «Ղա՛զարոս, դուրս ելիր»: Յիսուսի հրամանին վրայ, մեռած մարդը դուրս ելաւ, ոտքերը ու ձեռքերը պատանքով կապուած, եւ երեսը վարշամակով պատուած (43-44 համարներ)։

Երբ անձ մը ամէն տեսակի չարութիւն մէկդի նետած է, սրբագործուած է, եւ սկսած է նմանիլ իր Հայր Աստուծոյ սրտին, եւ փոխուած է՝ դառնալով կատարեալ հոգի մը, այն ատեն անիկա պիտի մտնէ հոգեւոր աշխարհը։ Այդ անձը որքան աւելի շատ հաւաքէ հոգեւոր աշխարհի գիտութիւնը, այդքան աւելի պիտի աւելնան Աստուծոյ զօրութեան իր յայտնութիւնները, բարձրանալով չորրորդ մակարդակէն վեր։

Ճիշդ այդ ժամանակ է որ անհատը կը հասնի զօրութեան այն մակարդակին, որ կրնայ յայտնաբերուիլ միայն Աստուածութեան կողմէ, որ Ստեղծագործութեան Ամենէն Բարձր Զօրութիւնն է։ Երբ մարդ մը կատարելապէս կ'իրակագործէ ասիկա, այն ատեն, ինչպէս որ Աստուած տիեզերքին մէջ ամէն բաները ստեղծեց Իր հրամանով, նոյնպէս ալ այդ անձը ստեղծագործութեան հրաշալի գործը պիտի յայտնաբերէ։

Օրինակի համար, երբ այդ անձը կոյր մէկու մը հրամայէ ըսելով. «Աչքե՛րդ բաց», կոյրին աչքերը անմիջապէս պիտի բացուին։ Երբ համր մէկու մը հրամայէ ըսելով. «Խօսի՛ր», երկվայրկեանի մը մէջ համրը պիտի սկսի խօսիլ։ Երբ հաշմանդամ մէկու մը հրամայէ ըսելով. «Ոտքի՛ ելիր», հաշմանդամը պիտի քալէ ու պիտի վազէ։ Երբ անիկա հրամայէ՝ վէրքերը եւ մարմնի մասերը որոնք կը փճանային՝ պիտի վերանորոգուին։

Ասիկա կ'իրականանայ Աստուծոյ լոյսով եւ ձայնով, Աստուծոյ՝ որ գոյութիւն ունեցած է որպէս լոյս եւ ձայն՝

ժամանակի սկիզբէն առաջ: Երբ լոյսին մէջ ստեղծագործութեան անսահման զօրութիւնը յառաջ կը մղուի ձայնով, այն ատեն լոյսը կ'իջնէ եւ գործը կը յայտնաբերուի: Այս է ձեւը այն մարդոց համար, որոնք Աստուծոյ որոշած կեանքի սահմանէն անդին գացած են, եւ այն հիւանդութիւնները եւ տկարութիւնները, որոնք չեն կրնար բժշկուիլ զօրութեան առաջին, երկրորդ, եւ երրորդ մակարդակին, այդ ժամանակ պիտի բժշկուին:

Աստուծոյ (որ լոյս է) Զօրութիւնը Ստանալ

Մենք ի՞նչպէս կրնանք նմանիլ Աստուծոյ (որ լոյս է) սրտին, Իր զօրութիւնը ստանալ, եւ անհամար թիւով մարդիկ առաջնորդել փրկութեան:

Առաջին, մենք ոչ միայն պէտք է խուսափինք ամէն տեսակի չարութենէ եւ սրբագործութիւն իրագործենք, այլ նաեւ մենք պէտք է կատարելագործենք բարի սիրտ մը, եւ մեծ ջերմեռանդութեամբ կարօտինք ծայրագոյն աստիճանի բարութեան:

Եթէ դուն գէշ զգացումներ կամ անհանգստութեան նշաններ ցոյց չի տուիր անհատի մը դէմ՝ որ քու կեանքդ չափազանց դժուար դարձուց եւ կամ վնաս պատճառեց քեզի, արդեօք քեզի համար կրնա՞յ ըսուիլ թէ դուն իրագործած ես բարութիւնը քու սրտիդ մէջ: Ոչ, այդ չէ պարագան: Նոյնիսկ եթէ չկայ սրտի սարսռալը եւ կամ անհանգստութեան զգացումը, եւ դուն կը սպասես ու կը տոկաս, Աստուծոյ համար ասիկա միայն առաջին քայլն է բարութեան:

Բարութեան աւելի բարձր մակարդակի վրայ, անհատը պիտի խօսի եւ վարուի այնպիսի ձեւով՝ որ շարժէ մարդիկը՝ որոնք իր կեանքը կը դժուարացնեն կամ վնաս կը պատճառեն իրեն: Ծայրագոյն բարութեան աստիճանին, որուն Աստուած կը հաճի, մէկը պէտք է կարողանայ իր իսկ կեանքը զոհել իր թշնամիին համար:

Յիսուս կրցաւ ներել այն մարդոց՝ որոնք կը խաչէին Զինքը, եւ այդ բոլոր մարդոց համար Յիսուս ձրիաբար Իր կեանքը տուաւ, որովհետեւ Անիկա տիրացած էր ծայրագոյն աստիճանի բարութեան: Թէ՛ Մովսէսը եւ թէ՛ Պօղոս առաքեալը նոյնպէս պատրաստ էին մինչեւ իսկ իրենց կեանքերը տալու ճիշդ այն մարդոց համար՝ որոնք կը փորձէին մեռցնել զիրենք:

Երբ Աստուած քիչ մնացեր էր որ կործանէր Իսրայէլի ժողովուրդը, որոնք հակառակ կեցան Իրեն կռապաշտութիւն ընելով ու գանգատելով, եւ քէնութիւն պահեցին Աստուծոյ դէմ, հակառակ որ անոնք ականատես դարձեր էին մեծամեծ նշաններու եւ հրաշքներու: Այդ վիճակին մէջ, արդեօք Մովսէս ի՞նչպէս հակադարձեց: Անիկա ջերմեռանդութեամբ աղաչեց Աստուծոյ, ըսելով. «Բայց հիմա եթէ անոնց մեղքերը պիտի ներես՝ ներէ, եթէ ոչ՝ կ'աղաչեմ, աւրէ՛ զիս քու գրած գրքէդ» (Ելից 32.32): Նոյնն էր պարագան Պօղոս առաքեալի հետ: Ինչպէս որ ան խոստովանեցաւ Հռովմայեցիս 9.3-ի մէջ, ըսելով. «Քանզի ես ինքս կը փափաքէի նզովուիլ Քրիստոսէն, մարմնի կողմէ իմ եղբայրներուս ու ազգականներուս համար», Պօղոս ծայրագոյն բարութիւնը իրագործած էր, եւ այս իսկ պատճառով, Աստուծոյ զօրութեան մեծամեծ գործերը շարունակ կ'ընկերակցէին իրեն:

Յաջորդը, մենք պէտք է հոգեւոր սէր իրագործենք:

Սէրը զգալիօրէն նուազած է այսօր: Հակառակ որ շատ մարդիկ կրնան իրարու ըսել. «Ես քեզի կը սիրեմ», սակայն ժամանակի անցումով, մենք կը տեսնենք թէ այս «սիրոյն» մեծ մասը մարմնաւոր սէր է, որ ժամանակի ընթացքին կը փոխուի: Աստուծոյ սէրը հոգեւոր սէր է, որ օրէ օր աւելի կը վսեմանայ, եւ անիկա մանրամասնօրէն նկարագրուած է Ա. Կորնթացիս 13-րդ գլխուն մէջ:

Առաջին՝ «Սէրը երկայնամիտ է, քաղցր է. սէրը չի նախանձիր» (4-րդ համար, առաջին մաս): Մեր Տէրը ներած է մեր բոլոր մեղքերն ու թերութիւնները, եւ բացած է փրկութեան ճամբան, համբերութեամբ սպասելով նոյնիսկ անոնց՝ որոնք չեն կրնար ներում ստանալ: Տակաւին, հակառակ որ մեր սէրը կը խոստովանինք Աստուծոյ հանդէպ, արդեօ՞ք մենք արագ ենք մեր եղբայրներուն եւ քոյրերուն մեղքերը եւ անոնց թերութիւնները երեւան հանելու: Արդեօ՞ք մենք արագ ենք դատելու եւ ուրիշները դատապարտելու՝ երբ բան մը կամ մէկը չենք հաւնիր: Արդեօ՞ք մենք նախանձած ենք մէկու մը՝ որուն կեանքը լաւ կ'ընթանայ կամ արդեօ՞ք յուսահատութիւն զգացած ենք:

Յաջորդը, սէրը «չի գոռոզանար, չի հպարտանար» (4-րդ համար, 2-րդ մաս): Նոյնիսկ եթէ մենք դուրսէ դուրս այնպէս մը երեւնանք՝ որպէս թէ Տէրը կը փառաբանենք, սակայն եթէ ունենանք սիրտ մը՝ որ կ'ուզէ ուրիշներու կողմէ ճանչցուիլ, եթէ մենք մեզի ցուցադրենք եւ ուրիշները անտեսենք, կամ ուրիշներուն սորվեցնենք՝ մեր դիրքին եւ իշխանութեան պատճառով, ասիկա պարծենալ եւ հպարտանալ պիտի ըլլայ:

Աւելին, սէրը «անվայել վարմունք չունենար, իրենը չփնտռեր, բարկութեան չի գրգռուիր, չարութիւն չի խորհիր» (5-րդ համար): Մեր կոպիտ վերաբերմունքը Աստուծոյ եւ մարդոց հանդէպ, մեր յեղյեղուկ սրտերն ու մտքերը, որոնք դիւրիւթեամբ կը փոխուին, մեր աւելի մեծ ըլլալու ջանքը՝ նոյնիսկ ուրիշներու հաշւոյն, մեր դիւրիւթեամբ յղացուած գէշ զգացումները, մեր ձգտումը՝ ժխտական կերպով մտածելու ուրիշներու մասին, եւ նման բաներ, սէր չեն սահմաներ:

Ասոնցմէ զատ, սէրը «անիրաւութեան վրայ չի խնդար. հապա ճշմարտութեան խնդակից կ'ըլլայ» (6-րդ համար): Եթէ սէր ունենանք, մենք պէտք է միշտ ճշմարտութեան մէջ քալենք եւ ցնծանք: Ինչպէս որ Գ. Յովհաննու 1.4-ի մէջ մեզի կ'ըսէ. «Ասկէ աւելի մեծ ուրախութիւն չունիմ, երբ կը լսեմ թէ իմ որդիներս ճշմարտութեան մէջ կը քալեն», այսպէս, ճշմարտութիւնը պէտք է մեր ցնծութեան եւ ուրախութեան աղբիւրը ըլլայ:

Վերջապէս, սէրը «ամէն բանի կը զիջանի, ամէն բանի կը հաւատայ, ամէն բանի կը յուսայ, ամէն բանի կը համբերէ» (7-րդ համար): Անոնք որոնք ճշմարտապէս կը սիրեն զԱստուած, կը սկսին ճանչնալ Աստուծոյ կամքը, եւ հետեւաբար, անոնք կը սկսին ամէն բաները հաւատալ: Մինչ մարդիկ մեծ ակնկալութեամբ կը սպասեն մեր Տէրոջը վերադարձին, եւ ջերմեռանդութեամբ կը հաւատան հաւատացեալներու յարութեան, երկնային վարձատրութիւններուն, եւայլն, անոնք կը յուսան երկնային բաներու, կը տոկան ամէն տեսակ դժուարութիւններու, եւ կը ջանան Աստուծոյ կամքը իրագործել:

Իր սիրոյ ապացոյցները ցոյց տալու համար անոնց՝ որոնք կը հնազանդին ճշմարտութեան, ինչպէս՝ բարութիւնը, սէրը, եւ ուրիշ բաներ որոնք արձանագրուած են Աստուածաշունչին մէջ, Աստուած (որ լոյս է), անոնց կու տայ Իր զօրութիւնը՝ որպէս պարգեւ: Նաեւ, Աստուած մեծ փափաքով կը կարօտի հանդիպելու եւ պատասխանելու բոլոր անոնց՝ որոնք կը ջանան քալել լոյսին մէջ:

Ուրեմն, ինքզինքնիդ ճանչնալով եւ սրտերնիդ պատռելով, թող որ դուք, որ կը փափաքիք Աստուծոյ օրհնութիւնները եւ պատասխանները ստանալ, պատրաստ անօթներ դառնաք Աստուծոյ առջեւ, եւ Իր զօրութեան փորձառութիւնը ունենաք. մեր Տէրոջը՝ Յիսուս Քրիստոսի անունով ես կ'աղօթեմ...

Պատգամ 6

Կոյրերուն Աչքերը
Պիտի Բացուին

Յովհաննու 9.32-33

Աշխարհի սկիզբէն իվեր
լսուած չէ որ մարդ մը կոյր ծնածի մը
աչքերը բացած ըլլայ:
Եթէ Աստուծմէ չըլլար այդ մարդը,
բա՛ն մըն ալ չէր կրնար ընել

Գործք Առաքելոց 2.22-ի մէջ, Յիսուսի աշակերտ՝ Պետրոսը Սուրբ Հոգին ստանալէ ետք, խօսեցաւ Հրեաներուն, նշելով Յովելեայ մարգարէին խօսքերը. «Ո՛վ Իսրայելացի մարդիկ, լսեցէ՛ք այս խօսքերը, Յիսուս Նազովրեցին, Աստուծմէ ձեզի ցուցուած մարդ մը զօրութիւններով ու հրաշքներով եւ նշաններով, որոնք Աստուած Անոր ձեռքով ըրաւ ձեր մէջ, ինչպէս դուք ալ գիտէք»: Յիսուսի մեծ յայտնութիւնները՝ զօրութեան, նշաններու, եւ հրաշքներու, անհրաժեշտ ապացոյցներ էին վկայելու թէ Յիսուսը, զոր Հրեաները խաչեցին, ճշմարտապէս Մեսիան էր, որուն գալուստը նախապէս մարգարէացուած էր Հին Կտակարանին մէջ:

Աւելին, Պետրոս ի՛նք անձամբ սկսաւ յայտնաբերել Աստուծոյ զօրութիւնը՝ Սուրբ Հոգիէն իշխանութիւն ստանալէ ետք: Ան բժշկեց աղքատ մուրացիկ մը, որ իր մօրը որովայնէն կաղ ծնած էր (Գործք Առաքելոց 3.8), եւ մարդիկ իրենց հիւանդները նոյնիսկ մինչեւ հրապարակները կը բերէին եւ պատգարակներով ու մահիճներով կը դնէին զանոնք փողոցը, որպէսզի Պետրոսին անցնելու ատենը գոնէ իր շուքը միայն անոնցմէ մէկուն վրայ իյնար (Գործք Առաքելոց 5.15):

Որովհետեւ զօրութիւնը հաստատագիր մըն է որ կը վկայէ Աստուծոյ ներկայութեան մասին, անձին հետ միատեղ՝ որ զօրութիւն կը յայտնաբերէ, եւ որովհետեւ անիկա ամենէն ապահով ձեւն է հաւատքի սերմ մը ցանելու անհաւատներու սրտին մէջ, անոր համար Աստուած զօրութիւն տուած է անոնց՝ որոնց Ինք յարմար տեսած է:

Յիսուս Կոյր Ծնած Մարդ մը Կը Բժշկէ

Յովհաննու 9-րդ գլխուն մէջ պատմութիւնը կը սկսի երբ Յիսուս Իր ճամբուն վրայ կը հանդիպի կոյր ծնած մարդու մը: Յիսուսի աշակերտները ուզեցին գիտնալ թէ ինչո՞ւ այդ մարդը կոյր ծնած էր ու չէր կրնար տեսնել, եւ ուստի հարցուցին Յիսուսի. «Ռա՛բբի, որո՞ւնն է մեղքը, ասո՞ր թէ իր ծնողքին, որ անիկա կոյր ծնաւ» (2-րդ համար): Պատասխանելով հարցումին, Յիսուս բացատրեց անոնց որ այդ մարդը կոյր ծնած էր որպէսզի Աստուծոյ գործը յայտնուէր անոր կեանքին մէջ (3-րդ համար): Յետոյ Յիսուս թքաւ գետինը ու թուքով կաւ շինեց, եւ կաւը կոյրին աչքերուն վրայ ծեփեց: Ետքը կոյր ծնած մարդուն հրամայեց ըսելով. «Գնա՛, լուացուէ Սելովամի աւազանին մէջ» (6-7 համարներ): Երբ մարդը անմիջապէս հնազանդեցաւ եւ լուացուեցաւ Սելովամի աւազանին մէջ, անոր աչքերը բացուեցան:

Հակառակ որ Աստուածաշունչին մէջ կային շատ ուրիշ մարդիկ՝ որոնց Յիսուս բժշկեց, գոյութիւն ունի միայն մէկ տարբերութիւն մը, որ այս մարդը կը զատորոշէ մնացեալ բոլորէն: Այս մարդը չաղաչեց Յիսուսի որ բժշկէ զինք, այլ փոխարէնը՝ Յիսուս եկաւ այս մարդուն քով եւ կատարելապէս բժշկեց զինք:

Ուրեմն ինչո՞ւ համար այդ կոյր ծնած մարդը այսպիսի յորդառատ շնորհք ստացաւ:

Առաջին՝ այդ մարդը հնազանդ էր:

Սովորական մարդու մը համար Յիսուսի ըրածները - գետինը թքելը, կաւ շինելը, կաւը մարդուն աչքերուն վրայ ծեփելը, եւ մարդուն ըսելը՝ որ երթայ ու լուացուի - ասոնցմէ ոչ մէկը որեւէ իմաստ ունի: Տրամաբանութիւնը չարտօներ որ սովորական մարդ մը հաւատայ թէ կոյր ծնած անձի մը աչքերը կրնան բացուիլ՝ քիչ մը կաւ դնելով անոր աչքերուն վրայ, եւ ետքը ջուրին մէջ լուացուելով: Աւելին, եթէ այդ կոյր մարդը այս հրամանը լսեր առանց գիտնալու թէ ով է Յիսուս, այն ատեն թէ՛ ինքը եւ թէ՛ իր շուրջը գտնուող ժողովուրդին մեծամասնութիւնը ոչ միայն պիտի չհաւատային, այլ նաեւ բացայայտօրէն պիտի բարկանային: Այսուհանդերձ, պարագան նոյնը չէր այս մարդուն հետ: Երբ Յիսուս հրամայեց, մարդը հնազանդեցաւ եւ իր աչքերը լուաց Սելովամի աւազանին մէջ: Վերջաւորութեան, զարմանալիօրէն, անոր աչքերը, որոնք իր ծնած վայրկեանէն գոց էին, հիմա առաջին անգամ ըլլալով բացուեցան եւ մարդը սկսաւ տեսնել:

Եթէ դուն կը խորհիս թէ Աստուծոյ խօսքը չհամաձայնիր մէկու մը տրամաբանութեան կամ փորձառութեան հետ, փորձէ խոնարհ սրտով հնազանդիլ Աստուծոյ խօսքին՝ այս կոյր ծնած մարդուն պէս: Այն ատեն Աստուծոյ շնորհքը քու վրադ պիտի գայ, եւ ինչպէս որ կոյր մարդուն աչքերը բացուեցան, դուն ալ նոյնպէս հրաշալի փորձառութիւններ պիտի ունենաս:

Երկրորդ, բնականէն կոյր ծնած մարդուն հոգեւոր աչքերը, որով ինք կրնար ճշմարտութիւնը զանազանել սխալէն, բացուեցան:

Իր բժշկուելէն ետքը, Հրեաներուն հետ ունեցած իր խօսակցութենէն դատելով, մենք կրնանք ըսել թէ՝ մինչ այդ մարդուն աչքերը ֆիզիքապէս գոց էին, իր սրտի բարութեամբ ան կրցաւ շիտակը զանազանել սխալէն: Ասոր հակառակ, Հրեաները հոգեւորապէս կոյր էին՝ օրէնքին խստապահանջ սահմաններուն մէջ շրջափակուած: Երբ Հրեաները հարցուցին բժշկութեան մանրամասնութիւններուն մասին, այդ մարդը, որ իր մօրը որովայնէն կոյր ծնած էր, համարձակութեամբ յայտարարեց, ըսելով. «Յիսուս կոչուած մարդ մը կաւ շինեց ու աչքերս ծեփեց եւ ըսաւ ինծի. ՛Գնա՛ Սելովամի աւազանը ու լուացուէ՛. ես ալ գացի, լուացուեցայ ու կը տեսնեմ» (11-րդ համար):

Անհաւատութեամբ, Հրեաները սկսան հարցաքննել մարդը, որ կոյր ծնած էր. «Դուն ի՞նչ կ'ըսես անոր համար որ քու աչքերդ բացաւ», մարդը պատասխանեց. «Մարգարէ մըն է» (17-րդ համար): Մարդը խորհեցաւ որ եթէ Յիսուս բաւականաչափ կարող ու հզօր էր կուրութիւնը բժշկելու համար, անիկա պէտք էր Աստուծոյ մարդ մը ըլլար: Հեգնականօրէն, Հրեաները յանդիմանեցին մարդուն, ըսելով. «Աստուծոյ փառք տուր, մենք գիտենք թէ այն մարդը մեղաւոր է» (24-րդ համար):

Ո՛րքան անտրամաբանական է անոնց ըրած յայտարարութիւնը: Աստուած չի պատասխաներ մեղաւորի մը աղօթքը, ոչ ալ Իր զօրութիւնը կու տայ մեղաւորի մը՝ որպէսզի անիկա կոյր մարդու մը աչքերը բանայ եւ փառք ստանայ: Հակառակ որ Հրեաները չկրցան ո՛չ հաւատալ եւ ո՛չ ալ հասկնալ ասիկա, կոյր ծնած մարդը շարունակեց համարձակ եւ ճշմարտալից խոստովանութիւններ ընել. «Գիտենք թէ Աստուած մեղաւորներուն մտիկ չըներ, բայց եթէ մէկը աստուածապաշտ ըլլայ ու Անոր կամքը կատարէ, անոր մտիկ կ'ընէ: Աշխարհի սկիզբէն ի վեր լսուած չէ որ մարդ մը կոյր ծնածի մը աչքերը բացած ըլլայ: Եթէ Աստուծմէ չըլլար այն մարդը, բա՛ն մըն ալ չէր կրնար ընել» (31-33 համարներ):

Որովհետեւ, ստեղծագործութենէն իվեր բնաւ չէր պատահած որ կոյր ծնած մէկու մը աչքերը բացուէին, այդ իսկ պատճառով, ով որ այս մարդուն լուրը լսեց՝ պէտք էր մեծապէս հրճուէր եւ իր հետ միասին տօնախմբութիւն կատարէր: Բայց եւ այնպէս, հակառակը պատահեցաւ. դատաստանի, ամբաստանութեան, եւ թշնամութեան մթնոլորտ մը ստեղծուեցաւ Հրեաներուն միջեւ: Որովհետեւ Հրեաները հոգեւորապէս չափազանց տգէտ էին, անոնք խորհեցան որ ինքնին Աստուծոյ գործը՝ ճիշդ Իրեն հակառակ կենալն էր: Ամէն պարագայի Աստուածաշունչը մեզի կ'ըսէ որ միայն Աստուած կրնայ կոյրերուն աչքերը բանալ:

Սաղմոս 146.8 մեզ կը յիշեցնէ թէ՝ «Տէրը կը բանայ կոյրերուն աչքերը, Տէրը կը սիրէ արդարները», մինչ Եսայեայ 29.18 մեզի կ'ըսէ. «Այն օրը խուլերը գրքին խօսքերը պիտի լսեն, կոյրերուն աչքերը մէգէն ու խաւարէն ազատուելով՝ պիտի տեսնեն»: Եսայեայ 35.5 դարձեալ մեզի կ'ըսէ. «Այն ատեն կոյրերուն աչքերը պիտի բացուին ու խուլերուն ականջները պիտի բացուին»: Յոս, «Այն օրը» եւ «Այն ատեն» ըսելով կը վերագրէ այն ժամանակին՝ երբ Յիսուս եկաւ եւ կոյրերուն աչքերը բացաւ:

Յակառակ այս մեջբերումներուն եւ յիշեցումներուն, իրենց խստապահանջ սահմանագիծերուն եւ չարութեան մէջ, Յրեաները չկրցան հաւատալ Աստուծոյ գործին՝ որ կը յայտնաբերուէր Յիսուսի միջոցաւ, եւ փոխարէնը անոնք Յիսուսը դատապարտեցին որպէս մեղաւոր մարդ մը, որ անհնազանդ էր Աստուծոյ խօսքին: Յակառակ որ կոյր ծնած մարդ մը բաւականաչափ գիտութիւն չունէր օրէնքին մասին, անիկա իր բարի խղճմտանքով ճանչցաւ ճշմարտութիւնը՝ թէ Աստուած չի լսեր մեղաւորներուն: Նաեւ, այդ մարդը գիտէր թէ կոյր աչքերուն բժշկուիլը միայն Աստուծմով կարելի էր:

Երրորդ, Աստուծոյ շնորհքը ստանալէ ետք, մարդը, որ նախապէս կոյր եղած էր, Տէրոջը առջեւ եկաւ եւ որոշեց բոլորովին նոր կեանք մը ապրիլ:

Մինչեւ այս օրս, ես ականատես դարձած եմ անհամար թիւով պարագաներու, երբ մարդիկ, որոնք մահուան դրան սեմին վրայ կը գտնուէին, զօրութիւն ստացան եւ կեանքի մէջ ամէն տեսակի հարցերու պատասխաններ գտան Մէնմին Կեդրոնական եկեղեցիին մէջ: Ամէն պարագայի, ես կ'ողբամ այն մարդոց համար՝ որոնց սրտերը կը փոխուին՝ նոյնիսկ Աստուծոյ շնորհքը ստանալէ ետք, եւ ուրիշներու՝ որոնք կը լքեն իրենց հաւատքը եւ կը վերադառնան

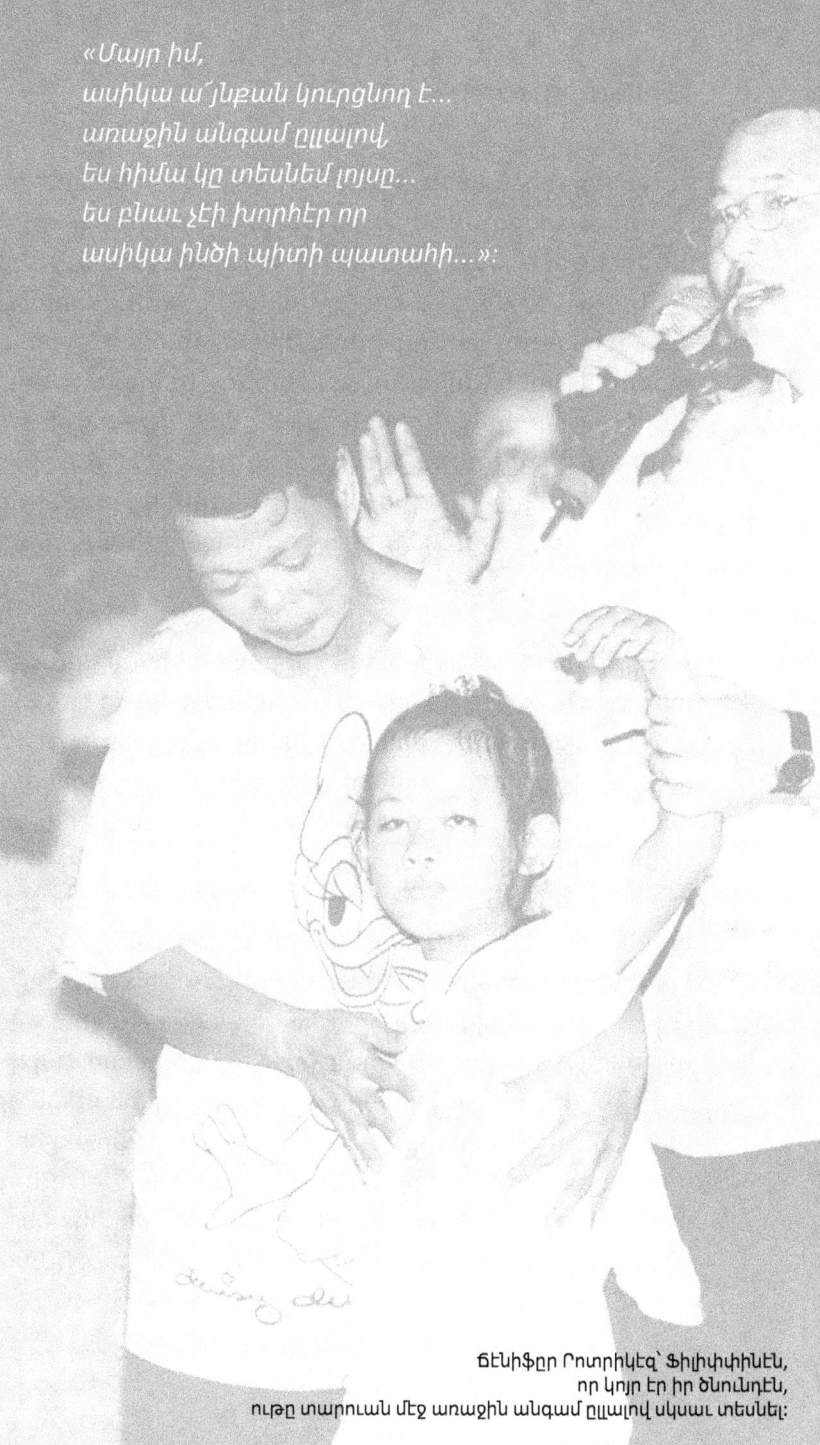

«Մայր իմ,
ասիկա ա՜յնքան կուրցնող է...
առաջին անգամ ըլլալով,
ես հիմա կը տեսնեմ լոյսը...
ես բնաւ չէի խորհէր որ
ասիկա ինծի պիտի պատահի...»:

ճէնիֆըր Ռոտրիկէզ՝ Ֆիլիփփինէն,
որ կոյր էր իր ծնունդէն,
ութը տարուան մէջ առաջին անգամ ըլլալով սկսաւ տեսնել:

աշխարհի կերպարանքներուն: Երբ իրենց կեանքերը ցաւի եւ մղձաւանջի մէջ ըլլան, այսպիսի մարդիկ կը սկսին արցունքներ թափելով աղօթել եւ ըսել. «Անգամ մը որ բժշկուիմ, ես միայն Տէրոջը համար պիտի ապրիմ»: Երբ անոնք իրապէս բժշկութիւն եւ օրհնութիւններ կը ստանան, դարձեալ իրենց անձնական շահերը հետապնդելով՝ այս մարդիկը կը լքեն շնորհքը եւ կը շեղին ճշմարտութենէն: Նոյնիսկ եթէ իրենց ֆիզիքական հարցերը բժշկուին՝ անիմաստ է, որովհետեւ անոնց հոգիները բաժնուած են փրկութեան ճամբայէն եւ կը գտնուին դժոխքի ճամբուն վրայ:

Այս մարդը, որ կոյր ծնած էր, բարի սիրտ մը ունէր, որով ան չէր կրնար լքել շնորհքը: Այդ է պատճառը որ երբ Յիսուսի հանդիպեցաւ, ան ոչ միայն բժշկուեցաւ իր կուրութենէն, այլ նաեւ փրկութեան վստահութիւնը ունենալու օրհնութիւնը ստացաւ: Երբ Յիսուս հարցուց իրեն. «Դուն կը հաւատա՞ս Աստուծոյ Որդիին», մարդը պատասխանեց. «Տէ՛ր, ո՞վ է՝ որ հաւատամ Անոր» (35-36 համարներ): Երբ Յիսուս պատասխանեց. «Տեսար Զանիկա, քեզի հետ խօսողը Ա՛ն է», մարդը խոստովանեցաւ ըսելով. «Կը հաւատամ, Տէ՛ր» (37-38 համարներ): Մարդը ոչ թէ պարզապէս «հաւատաց», այլ անիկա ընդունեց Յիսուսը՝ որպէս Քրիստոսը: Ասիկա այդ մարդուն հաստատ խոստովանութիւնն էր, որով ան որոշեց միայն Տէրոջը հետեւիլ, եւ միայն Տէրոջը համար ապրիլ:

Աստուած կ'ուզէ որ մենք բոլորս Իր առջեւ գանք այս տեսակի սրտով: Անիկա կ'ուզէ որ մենք Զինք փնտռենք ոչ թէ միայն որովհետեւ Ինք կը բժշկէ մեր հիւանդութիւնները եւ

«Սիրտս այդ տեղը առաջնորդեց զիս...

Ես միայն շնորհքի կը կարօտէի...

Աստուած ինծի ահագին մեծ նուէր մը տուաւ:
Կարենալ տեսնելէ աւելի
ինչ որ ինծի աւելի ուրախ կ'ընէ
այն իրողութիւնն է՝
որ ես հանդիպեցայ կենդանի Աստուծոյն»:

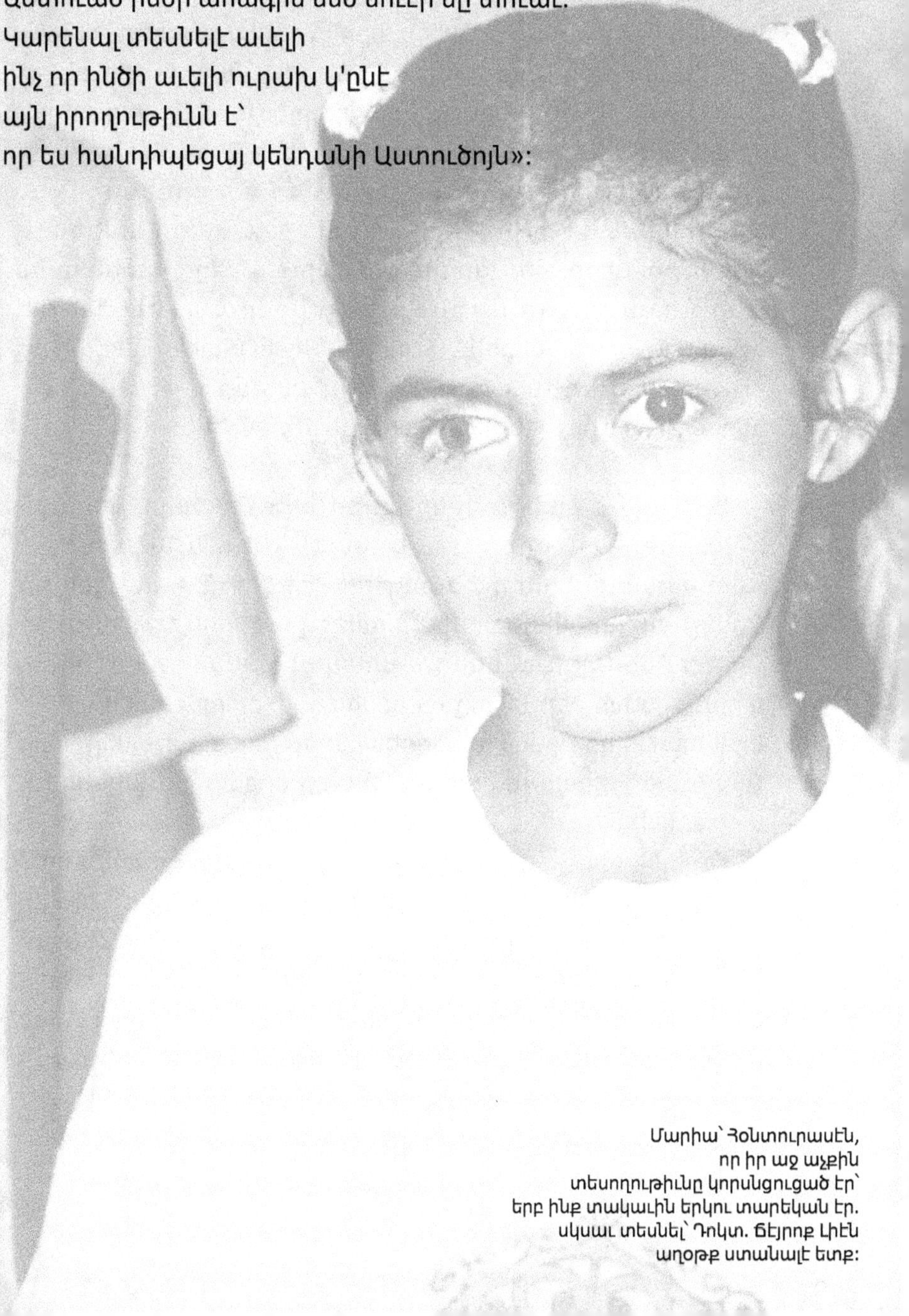

Մարիա՝ Հոնտուրասէն,
որ իր աջ աչքին
տեսողութիւնը կորսնցուցած էր՝
երբ ինք տակաւին երկու տարեկան էր.
սկսաւ տեսնել՝ Դոկտ. Ճէյրոք Լիէն
աղօթք ստանալէ ետք:

կ'օրհնէ մեզ: Աստուած մեծ փափաքով կը կարօտի որ մենք հասկնանք Իր ճշմարիտ սէրը, որով առանց խնայելու մինչեւ իսկ Իր միածին Որդին տուաւ մեզի համար, եւ կ'ուզէ որ ընդունինք Յիսուսը որպէս մեր Փրկիչը: Աւելին, մենք ոչ թէ միայն մեր շրթունքներով պէտք է սիրենք Զինք, այլ նաեւ Իր խօսքին համաձայն գործուած մեր արարքներով: Ա. Յովհաննու 5.3-ի մէջ մեզի կ'ըսէ. «Վասն զի ասիկա է Աստուծոյ սէրը, որ Անոր պատուիրանքները պահենք եւ Անոր պատուիրանքները ծանր բան չեն»: Եթէ ճշմարտապէս կը սիրենք զԱստուած, այն ատեն մենք պէտք է մեր ներսիդին գտնուող բոլոր չարութիւններէն ձերբազատուինք, եւ ամէն օր լոյսին մէջ քալենք:

Երբ որեւէ բան մը խնդրենք Աստուծմէ այս տեսակի հաւատքով ու սիրով, այն ատեն Ան ի՞նչպէս պիտի չպատասխանէ մեզի: Մատթէոս 7.11-ի մէջ, ինչպէս որ Յիսուս կը խոստանայ մեզի, ըսելով. «Ուստի եթէ դուք որ չար էք, ձեր զաւակներուն աղէկ ընծաներ տալ գիտէք, ո՛րչափ աւելի ձեր Հայրը որ երկինքն է, բարի բաներ պիտի տայ անոնց որ Իրմէ կը խնդրեն», հաւատացէք թէ մեր Հայր Աստուածը պիտի պատասխանէ Իր սիրելի զաւակներուն աղօթքները:

Ուրեմն, հոգ չէ թէ դուն ինչ տեսակի հիւանդութիւն կամ հարց ունիս, Աստուծոյ առջեւ եկուր՝ քու սրտիդ ներսէն բխած հետեւեալ խոստովանութեամբ. «Տէր, ես կը հաւատամ»: Երբ դուն այսպէս քու հաւատքի գործերդ ցոյց կու տաս, այն ատեն Տէրը, որ իր մօրը որովայնէն կոյր ծնած մարդը բժշկեց, պիտի բժշկէ նաեւ որեւէ տեսակի

«Բժիշկները ինծի ըսին թէ՝
ես շուտով կոյր պիտի դառնայի…
Իրերը սկսան երթալով մարիլ…

Շնորհակալ եմ, Տէր,
որ ինծի լոյսը տուիր…

Ես Քեզի կը սպասէի…»:

Արժ. Ռիքարտօ Մորալէս՝ Հոնտուրասէն,
որ գրեթէ կոյր դարձաւ
արկածի մը հետեւանքով,
բայց յետոյ սկսաւ տեսնել:

հիւանդութիւններ՝ զոր ունիս, անկարելին կարելի պիտի դարձնէ, եւ քու կեանքիդ բոլոր դժուարութիւնները պիտի լուծէ:

Կոյրերուն Աչքերը Բանալու Գործը՝ Մէնմին Կեդրոնական Եկեղեցիին մէջ

1982-էն սկսեալ, իր հիմնադրութենէն իվեր, Մէնմինը մեծապէս փառաւորած է զԱստուած՝ բանալով անհամար թիւով անհատներու աչքերը, որոնք կոյր եղած էին: Շատ մարդիկ, որոնք ծնունդով կոյր էին, տեսողութիւն ստացան աղօթելէ ետք: Շատ ուրիշներ, որոնց տեսողութիւնը վատթարացած էր եւ որոնք ակնոցներու կամ ոսպնեակներու կ'ապաւինէին, անոնց տեսողութիւնը սրբագրուեցաւ: Ուրիշ շատ ու շատ ապշեցուցիչ վկայութիւններու միջեւ, հետեւեալները կարգ մը օրինակներ են:

Երբ ես Յուլիս 2002-ին Միացեալ Հոգեւոր Մեծ Արշաւը կատարեցի Հոնտուրասի մէջ, հոն կը գտնուէր տասներկու տարեկան աղջիկ մը՝ Մարիա անունով, որ իր երկու տարեկան հասակին իր աջ աչքին տեսողութիւնը կորսնցուցած էր՝ սաստիկ տենդի մը հետեւանքով: Մարիային ծնողները փորձեցին զանազան ձեւերով վերականգնել տալ անոր տեսողութիւնը, բայց ապարդիւն: Նոյնիսկ լուսանցիկի փոխատնկումը, զոր Մարիան կը ստանար, որեւէ արդիւնք չտուաւ: Յաջորդ տասնամեակի ընթացքին, փոխատնկումի ձախողութենէն ետք, Մարիան նոյնիսկ չկրցաւ լոյս տեսնել իր աջ աչքին մէջ:

Յետոյ, 2002-ին, Աստուծոյ շնորհքին հանդէպ ջերմեռանդ փափաքով, Մարիան ներկայ եղաւ հոգեւոր արշաւին, ուր անիկա իմ աղօթքս ստացաւ, սկսաւ տեսնել լոյսը, եւ շուտով վերստացաւ իր տեսողութիւնը: Մարիային աջ աչքին մէջի ջիղերը դարձեալ ստեղծուեցան Աստուծոյ ուժով, երբ իր աջ աչքը բոլորովին տկարացած ու մեռած էր: Ո՜րքան ապշեցուցիչ է ասիկա: Հոնտուրասի մէջ անհամար թիւով մարդիկ տռնախմբեցին այս դէպքը եւ բացագանչեցին. «Իսկապէս Աստուած կենդանի է եւ Անիկա կը գործէ նոյնիսկ այսօր»:

Ռիքարտօ Մորալէս հոգեւոր հովիւը գրեթէ կուրցած էր, բայց յետոյ ան կատարելապէս բժշկուեցաւ Մուանի քաղցր ջուրին միջոցաւ: Հոնտուրասի Արշաւէն եօթը տարի առաջ, Հովիւ Ռիքարտօ Մորալէս երթեւեկութեան արկածի մը ենթարկուելէ ետք, իր աչքերուն վրայի ցանցամաշկը վտանգաւոր կերպով վնասած էր, եւ կը տառապէր սաստիկ արիւնահոսումէ: Բժիշկները ըսեր էին թէ ինք աստիճանաբար պիտի կորսնցնէր իր տեսողութիւնը, եւ ի վերջոյ կոյր պիտի դառնար: Այսուհանդերձ, անիկա բժշկուեցաւ 2002-ին, Հոնտուրասի մէջ եկեղեցական Առաջնորդներու համար կատարուած Համագումարին առաջին օրը: Աստուծոյ խօսքը լսելէ ետք, Հովիւ Ռիքարտօ հաւատքով Մուանի անուշ ջուրը դրաւ իր աչքերուն վրայ, եւ զարմանալիօրէն, իր իսկ մեծ ապշութեամբ, առարկաները սկսան վայրկեանի մը մէջ աւելի եւս յստականալ: Սկիզբը, որովհետեւ ինք այսպիսի բան մը բնաւ չէր ակնկալած, Հովիւ

Րիքարտօ չկրցաւ հաւատալ եղածը: Այդ գիշեր, իր ակնոցները դրած, Յովիւ Րիքարտօ ներկայ եղաւ հոգեւոր արշաւի առաջին նիստին: Յետոյ, յանկարծ, իր ակնոցներուն ոսպնեակները դուրս ճողոպրեցան, եւ ինք լսեց Սուրբ Հոգիին ձայնը որ կ'ըսէր. «Եթէ ակնոցդ հիմա չհանես, դուն պիտի կուրնաս»: Յովիւ Րիքարտօ յետոյ հանեց իր ակնոցը եւ անդրադարձաւ որ ինք կրնար ամէն բան յստակօրէն տեսնել: Անոր տեսողութիւնը վերահաստատուեցաւ եւ Յովիւ Րիքարտօ մեծապէս փառաւորեց զԱստուած:

Նայրոպի Մէնմին եկեղեցւոյ մէջ, Քէնիա, անգամ մը, Քոմպօ անունով երիտասարդ մը այցելեց իր ծննդավայր քաղաքը, որ մօտաւորապէս 400 քիլօմեթր (այսինքն 250 մղոն) հեռու է եկեղեցիէն: Այցելութեան ընթացքին, անիկա աւետարանը քարոզեց իր ընտանիքին, եւ անոնց պատմեց Աստուծոյ հրաշագործ զօրութեան մասին, որ տեղի կ'ունենար Սէուլի Մէնմին Կեդրոնական եկեղեցիին մէջ: Քոմպօ աղօթեց իր ընտանիքին համար այն թաշկինակով՝ որուն վրայ ես նախապէս աղօթած էի: Ան նաեւ իր ընտանիքին նուիրեց օրացոյց մը, որ տպագրուած էր մեր եկեղեցիին կողմէ:

Լսելէ ետք իր թոռնիկին՝ որ աւետարանը կը քարոզէր, Քոմպօյին մեծ մայրը՝ որ կոյր էր, ջերմեռանդ փափաքով, ինքնիրեն այսպէս խորհեցաւ. «Ես ալ կը փափաքիմ Դոկտ. Ճէյրոք Լիին նկարը տեսնել», մինչ իր երկու ձեռքերով օրացոյցը կը բռնէր: Այն բանը որ ասոր յաջորդեց, ճշմարտապէս հրաշալի էր: Անմիջապէս որ Քոմպօյին մեծ մայրը օրացոյցին ծալքը բացաւ, իր աչքերը բացուեցան եւ սկսաւ տեսնել նկարը: Ալէլուիա… Քոմպօյին ընտանիքը առաջնակարգ փորձառութիւն մը ունեցան Աստուծոյ հրաշագործ զօրութեան մասին՝ որ կոյրին աչքերը բացաւ, եւ սկսան հաւատալ կենդանի Աստուծոյն: Աւելին, երբ այս դէպքին լուրը ամբողջ գիւղին մէջ տարածուեցաւ, մարդիկ սկսան խնդրել մասնաճիւղ եկեղեցի մը, որ իրենց գիւղին մէջ ալ հաստատուէր:

Աստուծոյ զօրութեան անհամար գործերուն միջոցաւ, որոնք տեղի կ'ունենային ամբողջ աշխարհի վրայով, հիմա կան Մէնմինի հազարաւոր մասնաճիւղ եկեղեցիներ՝ համաշխարհային տարածքով, եւ սրբութեան աւետարանը կը քարոզուի երկրագունդին բոլոր անկիւնները: Երբ դուն կ'ընդունիս եւ կը հաւատաս Աստուծոյ հրաշագործ զօրութեան, այն ատեն դուն ալ կրնաս ժառանգորդ դառնալ Իր օրհնութիւններուն:

Ինչպէս որ էր պարագան Յիսուսի ժամանակ, փոխանակ ուրախանալու եւ միասին զԱստուած փառաբանելու, շատ մարդիկ այսօր կը դատեն, կը դատապարտեն, եւ Սուրբ Հոգիին գործին դէմ հակառակ կը խօսին: Դուն պէտք է անդրադառնաս որ ասիկա ահաւոր մեղք մըն է, ինչպէս որ Մատթէոս 12.31-32-ի մէջ Յիսուս յատուկ կերպով ըսաւ մեզի. «Ասոր համար ձեզի կ'ըսեմ. 'Ամէն մեղք ու հայհոյութիւն պիտի ներուի մարդոց, բայց Սուրբ Հոգիին դէմ եղած հայհոյութիւնը պիտի չներուի մարդոց': Ով որ Որդի մարդոյ դէմ բան ըսէ, պիտի ներուի անոր, բայց ով որ Սուրբ Հոգիին դէմ ըսէ, պիտի չներուի անոր, ո՛չ այս աշխարհին մէջ եւ ոչ գալու աշխարհին մէջ»:

Սուրբ Հոգիին գործին հակառակ չըլլալու համար, այլ

փոխարէնը՝ Աստուծոյ զօրութեան ապշեցուցիչ գործին փորձառութիւնը ունենալու համար, մենք պէտք է ճանչնանք Աստուծոյ զօրութիւնը եւ մեծ փափաքով կարօտինք Իր գործին, ճիշդ Յովհաննու 9-ի մէջ յիշուած մարդուն նման, որ կոյր էր: Նայած թէ մարդիկ ո՞րքանով պատրաստած են ինքզինքնին որպէս անօթներ՝ հաւատքով պատասխաններ ստանալու համար, ոմանք պիտի ունենան Աստուծոյ զօրութեան փորձառութիւնը, մինչ ուրիշներ՝ ոչ:

Ինչպէս որ Սաղմոս 18.25-26 մեզի կ'ըսէ. «Ողորմածին հետ ողորմած կ'ըլլաս, կատարեալ մարդուն հետ կատարեալ կ'ըլլաս. մաքուրին հետ մաքուր կ'ըլլաս ու ծուռին հետ կը ծռիս», թող որ ձեզմէ ամէն մէկը, հաւատալով Աստուծոյ, որ կը վարձատրէ մեզ՝ մեր ըրածին համեմատ, եւ թող որ դուն, քու հաւատքի գործերդ ցոյց տալով, դառնաս ժառանգորդ մը Իր օրհնութիւններուն. մեր Տէրոջը Յիսուս Քրիստոսի անունով ես կ'աղօթեմ...

Պատգամ 7

Մարդիկ Ոտքի Պիտի Կայնին, Պիտի Ցատկին ու Պիտի Քալեն

Մարկոս 2.3-12

Իրեն չորս մարդով վերցուած անդամալոյծ մը բերին,
բայց տեսնելով որ բազմութենէն
չէին կրնար Անոր մօտենալ ,
քակեցին տանը տանիքը ուր կը գտնուէր Յիսուս
ու ծակ մը բանալով վար իջեցուցին մահիճը,
որուն վրայ պառկած էր անդամալոյծը:
Յիսուս անոնց հաւատքը տեսնելով՝
ըսաւ անդամալոյծին.
«Ո՛րդեակ քու մեղքերդ քեզի ներուած են»:
Մէկ քանի դպիրներ, որ հոն նստեր էին,
իրենց սրտերուն մէջ կը խորհէին՝ ըսելով.
«Ինչո՞ւ համար ասիկա
այսպիսի հայհոյութիւններ կ'ըսէ,
ոչ ոք կրնայ մեղքերու թողութիւն տալ,
բայց միայն Աստուած»:
Յիսուս իսկոյն իմանալով Իր հոգիին մէջ՝
որ անոնք այնպէս կը խորհին իրենց մէջ,
ըսաւ անոնց. «Ի՞նչ կը խորհիք սրտերնուդ մէջ:
Ո՞րը աւելի դիւրին է անդամալոյծին՝
"Քու մեղքերդ քեզի ներուած են"ըսե՞լը, թէ՝
"Ելիր, մահիճդ առ ու քալէ" ըսելը:
Բայց որպէս զի գիտնաք թէ Որդին մարդոյ
իշխանութիւն ունի երկրի վրայ
մեղքերու թողութիւն տալու,
(ըսաւ անդամալոյծին).
«Քեզի կ'ըսեմ, Ելի՛ր, մահիճդ ա՛ռ ու տունդ գնա»:
Ան ալ շուտ մը ելաւ եւ իր մահիճը առնելով՝
ամենուն առջեւէն դուրս ելաւ,
այնպէս որ ամէնքը ապշած մնացին,
եւ փառք տուին Աստուծոյ ու ըսին.
«Այսպիսի բան մը ամենեւին տեսած չէինք»:

Աստուածաշունչը մեզի կ'ըսէ թէ Յիսուսի ժամանակաշրջանին շատեր, որոնք անդամալոյծ կամ հաշմանդամ էին, կատարեալ բժշկութիւն ստացան եւ մեծապէս փառաւորեցին զԱստուած: Ինչպէս Աստուած մեզի խոստացաւ Եսայեայ 35.6-ի մէջ. «Այն ատեն կաղը եղջերուի պէս պիտի ցատկռտէ ու համրին լեզուն օրհնութիւն պիտի երգէ», եւ դարձեալ Եսայեայ 49.8-ի մէջ. «Ընդունելի ժամանակի մը մէջ Քեզի լսեցի, փրկութեան օրը քեզի օգնութիւն ըրի, քեզ պահեցի եւ ժողովուրդին նախապէս ուխտ ըրի, որպէս զի երկիրը հաստատես, աւերուած ժառանգութիւնները բաժնես», Աստուած ոչ միայն պիտի պատասխանէ մեզի, այլ նաեւ մեզ փրկութեան պիտի առաջնորդէ:

Այս է որ այսօր անդադար կը վկայուի ՄԷՆՄԻՆ Կեդրոնական եկեղեցիին մէջ, ուր Աստուծոյ զօրութեան հրաշալի գործերը կը յայտնաբերուին, անհամար թիւով հիւանդներ կը սկսին քալել, ոտքի կ'ելլեն իրենց հաշմանդամի աթոռներէն, եւ կը նետեն իրենց անթացուպերը:

Ի՞նչ տեսակի հաւատքով է որ Մարկոս 2-ի անդամալոյծը Յիսուսի առջեւ եկաւ եւ փրկութիւն ստացաւ, նաեւ պատասխաններու օրհնութիւններ: Ես կ'աղօթեմ ձեզմէ անոնց՝ որոնք ներկայիս անկարող են քալելու որոշ հիւանդութեան մը հետեւանքով՝ ոտքի ելլիր, քալէ, եւ դարձեալ վազէ:

Անդամալոյծը Կը Լսէ Լուրը՝ Յիսուսի մասին

Մարկոս 2-րդ գլխուն մէջ կը գտնենք մանրամասն հաշուեցոյցը անդամալոյծին՝ որ բժշկութիւն ստացաւ Յիսուսէն, երբ Յիսուս Կափառնայում կ'այցելէր: Այդ քաղաքին մէջ կ'ապրէր շատ աղքատ անդամալոյծ մը, որ անկարող էր ինքնիրեն նստելու՝ առանց ուրիշներու օգնութեան, եւ ինք ողջ էր միայն որովհետեւ չէր կրնար մեռնիլ: Այսուհանդերձ, անիկա լսեց լուրը՝ Յիսուսի մասին, թէ Յիսուս կոյրերուն աչքերը բացած էր, հաշմանդամներուն ոտքի կանգնեցուցած էր, չար ոգիները դուրս հանած էր, եւ զանազան հիւանդութիւններէ բռնուած մարդիկը բժշկած էր: Որովհետեւ այդ մարդը բարի սիրտ մը ունէր, երբ լսեց Յիսուսի մասին լուրը, անիկա յիշեց այդ խօսքերը եւ մեծ ջերմեռանդութեամբ եկաւ հանդիպելու Յիսուսին:

Օր մը, անդամալոյծը լսեց որ Յիսուս Կափառնայում եկած էր: Արդեօք ո՞րքան խանդավառ եւ ուրախ պէտք էր զգացած ըլլար անիկա, մեծ ակնկալութեամբ փափաքելով հանդիպիլ Յիսուսի: Ամէն պարագայի, անդամալոյծը անկարող էր մինակը շարժելու, եւ ուրեմն անիկա ընկերներ փնտռեց, որոնք կրնային զինքը բերել Յիսուսի: Բարեբախտաբար, որովհետեւ իր ընկերները նոյնպէս շատ լաւ տեղեակ էին Յիսուսի մասին, անոնք համաձայնեցան օգնելու իրենց ընկերոջը:

Անդամալոյծը եւ իր ընկերները Կու գան Յիսուսի առջեւ

Անդամալոյծը եւ իր ընկերները հասան այն տունը՝ ուր Յիսուս կը քարոզէր, բայց որովհետեւ հսկայ ամբոխ մը հաւաքուած էր հոն, անոնք չկրցան որեւէ տեղ մը գտնել դրան առջեւ, ոչ ալ անշուշտ տունէն ներս մտել: Պարագաները չթոյլատրեցին որ անդամալոյծը եւ իր ընկերները Յիսուսի առջեւ գան: Անոնք պէտք էր աղաչած ըլլային ամբոխին հետ միասին. «Հաճիք մէկդի գացէք... Մենք վտանգաւոր դրութեամբ հիւանդ մը ունինք»: Այսուհանդերձ, այդ տունը, ուր Յիսուս կը գտնուէր, եւ անոր բոլոր շրջակայքը ժողովուրդ դիզուած էր: Եթէ անդամալոյծը եւ իր ընկերները հաւատք չունենային՝ անոնք կրնային տուն վերադառնալ առանց հանդիպելու Յիսուսին:

Ամէն պարագայի, անոնք չվհատեցան, այլ ընդհակառակը՝ իրենց հաւատքը ցոյց տուին: Խորհրդածելէ ետք թէ ինչպէս կրնային հանդիպիլ Յիսուսի, որպէս վերջին միջոց մը, անդամալոյծին ընկերները սկսան ծակել տանիքը՝ Յիսուսի վերեւ, եւ սկսան փորել զայն: Նոյնիսկ եթէ պէտք ըլլար որ անոնք ներողութիւն խնդրէին այդ տանը տիրոջմէն եւ յետոյ հատուցում ընէին անոր՝ իրենց հասցուցած վնասին համար, անդամալոյծը եւ իր ընկերները յօժար էին այդ բանը ընելու, որովհետեւ անոնք ա՜յնքան ծայրայեղօրէն կը փնտռէին հանդիպիլ Յիսուսի, եւ բժշկութիւն գտնել:

Հաւատքը կ'ընկերակցի գործերով, եւ հաւատքի գործերը կրնան ներկայացուիլ միայն այն ատեն՝ երբ դուն խոնարհ սրտով կը ցածցնես ինքզինքդ: Արդեօք երբեւիցէ խորհա՞ծ ես կամ ըսա՞ծ ես դուն քեզի. «Հակառակ որ ես կ'ուզեմ, սակայն իմ ֆիզիքական վիճակս չարտօներ որ եկեղեցի երթամ»: Եթէ անդամալոյծը հարիւր անգամ ալ խոստովանէր ըսելով. «Տէր, կը հաւատամ թէ դուն գիտես որ ես չեմ կրնար գալ քեզի հանդիպիլ, որովհետեւ ես անդամալոյծ եմ: Նաեւ, ես կը հաւատամ որ Դուն պիտի բժշկես զիս՝ նոյնիսկ անկողինիս վրայ պառկած վիճակիս մէջ», այն ատեն այդ մարդուն համար պիտի չըսուի թէ անիկա իր հաւատքը ցոյց տուած է:

Չոգ չէ թէ որքան սուղի նայած էր իրեն, այսուհանդերձ անդամալոյծը կրցաւ Յիսուսի առջեւ գալ, որպէսզի բժշկութիւն ստանայ: Անդամալոյծը կը հաւատար եւ համոզուած էր որ ինք պիտի բժշկուէր՝ երբ Յիսուսի հանդիպէր, ուստի անիկա խնդրեց իր ընկերներէն որ զինք շալկեն ու տանին Յիսուսի առջեւ: Աւելին, որովհետեւ իր ընկերներն ալ հաւատք ունէին, անոր համար անոնք կրցան ծառայել իրենց անդամալոյծ ընկերոջը, մինչեւ իսկ ծակ մը բանալով եւ զայն փորելով օտար մարդու մը տունին տանիքէն:

Եթէ դուն ճշմարտապէս կը հաւատաս որ պիտի բժշկուիս Աստուծոյ կողմէ, Իր առջեւ գալը արդէն ապացոյց մըն է քու հաւատքիդ: Այդ է պատճառը որ տանիքը փորելէ ետք, անդամալոյծին ընկերները վար իջեցուցին մահիճը, որուն վրայ անդամալոյծը կը պառկէր, եւ զինք ներկայացուցին Յիսուսի: Այդ ժամանակ, Իսրայէլի մէջ տանիքները տափակ էին, եւ հոն, իւրաքանչիւր տունի կողքին, կար աստիճան մը, որ դիւրին մուտք գործել կու տար մարդոց դէպի տանիք: Ասկէ զատ, տանիքին կղմինտրները կարելի էր դիւրիւթեամբ հանել: Այս յարմարութիւնները արտօնեցին որ անդամալոյծը Յիսուսի առջեւ գայ, աւելի մօտ՝ քան ուրիշ որեւէ մէկը:

Մենք Կրնանք Աղօթքի Պատասխաններ Ստանալ Մեղքի Հարցը Լուծելէ ետք

Մարկոս 2.5-ի մէջ մենք կը գտնենք որ Յիսուս բացայայտօրէն հրճուած էր անդամալոյծին հաւատքի գործերով: Նախքան զինք բժշկելը, Յիսուս ինչո՞ւ անդամալոյծ մարդուն ըսաւ. «Ո՛րդեակ, քու մեղքերդ քեզի ներուած են»: Պատճառը այն է՝ որովհետեւ մեղքերու թողութիւնը պէտք է բժշկութենէն առաջ կատարուի:

Ելից 15.26-ի մէջ Աստուած մեզի կ'ըսէ. «Եթէ Տէրոջը քու Աստուծոյդ ձայնին ուշադրութեամբ մտիկ ընես ու ինչ որ Անոր առջեւ շիտակ է՝ ընես եւ Անոր պատուիրանքներուն ականջ դնես ու Անոր բոլոր կանոնները պահես, այն ախտերէն մէ՛կը քու վրադ պիտի չբերեմ, որոնք եգիպտացիներուն վրայ բերի. քանզի ես եմ Տէրը, որ քեզ կը բժշկեմ»: Հոս, «այն ախտերը, որոնք եգիպտացիներուն վրայ բերի» ըսելով կ'ակնարկէ ամէն տեսակի հիւանդութեան՝ որը ծանօթ է մարդուն: Այսպէս, երբ մենք կը հնազանդինք Աստուծոյ պատուէրներուն եւ Իր Խօսքով կ'ապրինք, այն ատեն Աստուած պիտի պաշտպանէ մեզ, այնպէս որ ոչ մէկ հիւանդութիւն կրնայ երբեւիցէ տիրանալ մեզի: Աւելին, Բ. Օրինաց 28-րդ գլխուն մէջ Աստուած մեզի կը խոստանայ թէ՝ այնքան ատեն որ մենք կը հնազանդինք եւ Իր Խօսքով կ'ապրինք, ոչ մէկ հիւանդութիւն երբեւիցէ մուտք պիտի գործէ մեր մարմիններէն ներս: Յովհաննու 5-րդ գլխուն մէջ, բժշկելէ ետք այն մարդը, որ երեսունըութը տարիէ իվեր հիւանդ էր, Յիսուս ըսաւ անոր. «Ահա բժշկուեցար, ալ մեղք մի՛ գործեր, որ ա՛լ աւելի չար բան չպատահի քեզի» (14-րդ համար):

Որովհետեւ բոլոր հիւանդութիւնները մեղքէն յառաջ կու գան, այդ պատճառով ալ, նախքան անդամալոյծը բժշկելը, Յիսուս սկիզբը մեղքերու թողութիւն տուաւ անոր: Ամեն պարագայի, Յիսուսի առջեւ գալը միշտ չէ որ թողութիւն կը պարգեւէ: Բժշկութիւն ստանալու համար, մենք առաջ պէտք է զղջանք մեր մեղքերուն համար եւ պէտք է դարձի գանք մեղքի ճամբաներէն: Եթէ դուն մեղաւոր մըն էիր, հիմա պէտք է դառնաս մէկը՝ որ այլեւս մեղք չգործեր. եթէ դուն ստախօս մըն էիր, հիմա պէտք է դառնաս մէկը՝ որ այլեւս չի ստեր. եւ եթէ դուն ուրիշները կ'ատէիր, հիմա պէտք է դառնաս մէկը՝ որ այլեւս չատեր: Աստուած թողութիւն կը շնորհէ միայն անոնց՝ որոնք կը հնազանդին Իր խօսքին: Առկէ զատ, «ես կը հաւատամ» ըսելով խոստովանիլը քեզի թողութիւն չպարգեւեր. երբ մենք կու գանք դէպի լոյսը, մեր Տէրոջը արիւնը բնականաբար պիտի մաքրէ մեզի մեր բոլոր մեղքերէն (Ա. Յովհաննու 1.7):

Անդամալոյծը Կը Քալէ Աստուծոյ Զօրութեամբ

Մարկոս 2-րդ գլխուն մէջ մենք կը գտնենք որ թողութիւն ստանալէ ետք, անդամալոյծ մարդը ոտքի ելաւ, առաւ իր մահիճը եւ ամբոխին մէջէն անցնելով դուրս քալեց, հոն գտնուող ժողովուրդին կատարեալ երեւոյթին առջեւ: Երբ Յիսուսի եկաւ, անիկա մահիճի մը վրայ պառկած էր: Այսուհանդերձ, այդ մարդը բժշկուեցաւ ճիշդ այն վայրկեանին որ Յիսուս իրեն ըսաւ. «Ո՛րդեակ, քու մեղքերդ քեզի ներուած են» (5-րդ համար): Ամեն պարագայի, փոխանակ հրճուելու եւ ուրախանալու անոր բժշկութեան վրայ, դպիրները վիճաբանելով զբաղած էին: Երբ Յիսուս մարդուն ըսաւ. «Ո՛րդեակ, քու մեղքերդ քեզի ներուած են», անոնք իրենք-իրենց խորհեցան ըսելով. «Ինչո՞ւ համար ասիկա այսպիսի հայհոյութիւններ կ'ընէ, ոչ ոք կրնայ մեղքերու թողութիւն տալ, բայց միայն Աստուած» (7-րդ համար):

Յետոյ Յիսուս ըսաւ անոնց. «Ի՞նչ կը խորհիք սրտերնուդ մէջ: Ո՞րը աւելի դիւրին է անդամալոյծին՝ 'Քու մեղքերդ քեզի ներուած են' ըսե՞լը, թէ՝ 'Ելիր, մահիճդ առ ու քալէ' ըսելը: Բայց որպէս զի գիտնաք թէ Որդին մարդոյ իշխանութիւն ունի երկրի վրայ մեղքերու թողութիւն տալու» (8-10 համարներ): Աստուծոյ նախասահմանութեան մասին լուսաբանելէ ետք անոնց, երբ Յիսուս անդամալոյծին ըսաւ. «Քեզի կ'ըսեմ, Ելի՛ր, մահիճդ ա՛ռ ու տունդ գնա» (11-րդ համար), մարդը անմիջապէս ոտքի ելաւ եւ քալեց: Այլ խօսքով, այդ անդամալոյծ մարդուն բժշկութիւն ստանալը կը նշանակէ թէ անիկա թողութիւն ստացաւ, եւ թէ Աստուած կ'երաշխաւորէր ամէն մէկ խօսք որ Յիսուս խօսած էր: Նաեւ, ասիկա ապացոյց է թէ ամենակարող Աստուածը կ'երաշխաւորէ Յիսուսը՝ որպէս մարդկութեան Փրկիչը:

Ոտքի Ելլելու, Ցատկելու, եւ Քալելու Օրինակներ

Յովհաննու 14.11-ի մէջ, Յիսուս մեզի կ'ըսէ. «Հաւատացէ՛ք Ինծի, թէ Ես Հօրը մէջն եմ ու Հայրը Իմ մէջս է.

ապա թէ ոչ՝ գոնէ գործերուն համար հաւատացէք»: Ուրեմն, մենք պէտք է հաւատանք որ Հայր Աստուած եւ Յիսուս մէկ եւ նոյնն են, դաւանելով որ անդամալոյծը, որ հաւատքով եկաւ Յիսուսի առջեւ՝ ներում ստացաւ, ոտքի ելաւ, ցատկեց եւ քալեց Յիսուսի հրամանով:

Յաջորդ համարին՝ Յովհաննու 14.12-ին մէջ, Յիսուս դարձեալ կ'ըսէ մեզի. «Ճշմարիտ ճշմարիտ կ'ըսեմ ձեզի թէ՝ 'Ան որ Ինծի կը հաւատայ, այն գործերը որոնք Ես կը գործեմ, ինք ալ պիտի գործէ եւ անոնցմէ աւելի մեծ գործեր պիտի գործէ': Վասն զի Ես Հօրս քով կ'երթամ»: Որովհետեւ ես հաւատացի Աստուծոյ խօսքին հարիւր առ հարիւր, Աստուծոյ ծառայ մը ըլլալու կանչուելէս ետքը ես շատ, շատ օրեր ծոմ պահեցի եւ աղօթեցի որպէսզի Իր զօրութիւնը ստանամ: Հետեւաբար, իր հիմնադրութենէն իվեր, Մէնմին եկեղեցիին մէջ բժշկութեան վկայութիւնները կը յորդին մինչեւ այսօր, այնպիսի հիւանդութիւններու՝ զոր արդի բժշկական գիտութիւնը չի կրնար դարմանել:

Ամէն անգամ որ եկեղեցին, իր ամբողջութեամբ, օրհնութիւններու փորձութիւններէ կ'անցնէր, հիւանդներուն բժշկութիւն ստանալու արագութեան աստիճանը երթալով կ'աւելնար, մինչ աւելի եւս վտանգաւոր հիւանդութիւններ կը բժշկուէին: 1993 թուականէն մինչեւ 2004 թուականը, ամէն տարի տեղի ունեցող Երկու-շաբթուայ Արթնութեան Յատուկ Ժողովներուն, նաեւ համաշխարհային Միացեալ Մեծ Արշաւներուն միջոցաւ, մեծ թիւով մարդիկ, ամբողջ աշխարհի վրայով, փորձառութիւնը ունեցած են Աստուծոյ ապշեցուցիչ զօրութեան:

Հոս պիտի գտնէք կարգ մը օրինակներ՝ այն անթիւ

պարագաներուն միջեւ, ուր մարդիկ ոտքի ելած, ցատկած, եւ քալած են:

Ոտքի Ելլել՝ Ինը Տարի Հաշմանդամի Աթոռի մէջ Ըլլալէ Ետք

Առաջինը՝ Սարկաւագ Եունսաբ Քիմի վկայութիւնն է: 1990-ի Մայիսին, անիկա մօտ հինգ-յարկանի բարձրութեամբ շէնքէ մը վար ինկած էր, մինչ ելեկտրական գործ մը կ'ընէր Հարաւային Քորէայի Թայտոք Գիտական Քաղաքին մէջ: Ասիկա պատահեցաւ նախքան որ Քիմ սկսաւ հաւատալ Աստուծոյ:

Իյնալէն անմիջապէս ետք, անիկա Եունսանկի մէջ, Չունկնամ Նահանգ, Սան (Արեւ) Հիւանդանոցը փոխադրուած էր, ուր վեց ամիս մահաթմբիրի մէջ մնաց: Ամէն պարագայի, մահաթմբիրէն արթննալէն ետք, իր լանջին 11-րդ եւ 12-րդ ողնոսկրներուն ճնշումին ցաւը եւ ճեղքուիլը, ինչպէս նաեւ իր մէջքին 4-րդ եւ 5-րդ ողնոսկրներուն ճողուածքները անտանելիօրէն ճգնաժամային էին: Հիւանդանոցին մէջ բժիշկները Քիմին տեղեկացուցին որ իր վիճակը վտանգաւոր էր: Անիկա շատ անգամներ ուրիշ հիւանդանոցներ ընդունուեցաւ, բայց եւ այնպէս, որեւէ փոփոխութիւն կամ յառաջացում չկար իր վիճակին մէջ: Երեւան ելաւ որ Քիմը առաջին կարգի անկարողութենէ կը տառապէր: Մէջքին շուրջ, Քիմը ամէն ժամանակ պէտք էր սեղմ գօտի մը կապեր իր ողնայարին համար: Ասկէ զատ, որովհետեւ չէր կրնար երկննալ, անիկա պէտք էր նստած վիճակի մէջ քնանար:

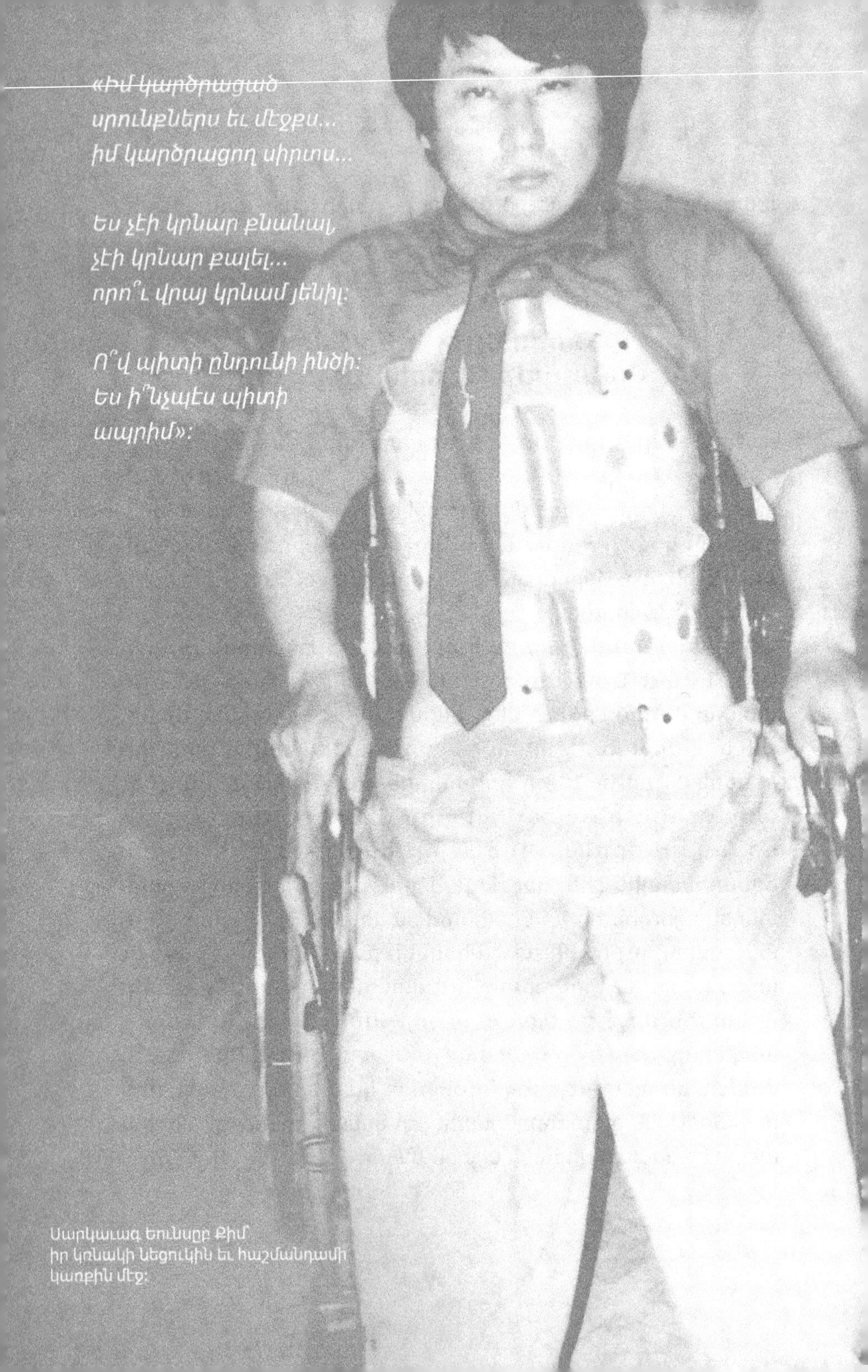

«Իմ կարծրացած
սրունքներս եւ մէջքս...
իմ կարծրացող սիրտս...

Ես չէի կրնար քնանալ,
չէի կրնար քալել...
որո՞ւ վրայ կրնամ յենիլ:

Ո՞վ պիտի ընդունի ինծի:
Ես ի՞նչպէս պիտի
ապրիմ»:

Սարկաւագ Եունսըբ Քիմ
իր կռնակի նեցուկին եւ հաշմանդամի
կառքին մէջ:

«Ալէլուիա…
Աստուած իսկապէս կենդանի է…
Կրնա՞ք տեսնել որ ես կը քալեմ»:

Սարկաւագ Քիմ կը ցնծայ
Մէնմինի միւս անդամներուն հետ միասին՝
այն աղօթքին միջոցաւ
զոր ստացած էր՝
Դոկտ. Ճէյրոք Լիի կողմէ:

Այս դժուար ժամանակին մէջ, Քիմը աւետարանուեցաւ եւ եկաւ Մէնմին, ուր սկսաւ Քրիստոսի մէջ նոր կեանք մը: Երբ 1998-ի Նոյեմբերին Աստուածային Բժշկութեան Յատուկ Ժողովը յաճախեց, Քիմը անհաւատալի փորձառութիւն մը ունեցաւ: Ժողովէն առաջ, անիկա անկարող էր իր կռնակին վրայ երկննալու եւ կամ մինակը պէտքարան գործածելու: Աղօթքս ընդունելէ ետք, ան կրցաւ ոտքի ելլել իր հաշմանդամի աթոռէն եւ սկսաւ անթացուպերով քալել:

Կատարեալ բժշկութիւն ստանալու համար, Սարկաւագ Քիմ հաւատարմութեամբ յաճախեց պաշտամունքի բոլոր արարողութիւններն ու ժողովները, եւ բնաւ չդադրեցաւ աղօթելէ: Աւելին, ջերմեռանդ փափաքով, եւ պատրաստուելով 1999-ի Մայիսին տեղի ունենալիք Երկու-շաբթուայ Արթնութեան Յատուկ Եօթներորդ Ժողովին, անիկա քանմէկ օր ծոմ պահեց: Ժողովի առաջին նիստին, երբ ես բեմէն աղօթեցի հիւանդներուն համար, Սարկաւագ Քիմ զգաց լոյսի զօրաւոր ճառագայթ մը՝ որ իր վրայ կը փայլէր, եւ տեսիլք մը ունեցաւ, որուն մէջ ինք կը վազէր: Ժողովին երկրորդ շաբաթը, երբ ձեռքերս դնելով աղօթեցի իրեն համար, Սարկաւագ Քիմ կրցաւ զգալ որ իր մարմինը աւելի թեթեւ էր: Երբ Սուրբ Հոգիին կրակը իջաւ իր ոտքերուն վրայ, անճանաչելի զօրութիւն մը տրուեցաւ իրեն: Անիկա կրցաւ հանել ու նետել իր ողնայարը-պաշտպանող կապը եւ անթացուպերը, քալեց՝ առանց որեւէ դժուարութեան, եւ սկսաւ ազատօրէն շարժել իր մէջքը:

Աստուծոյ զօրութեամբ, Սարկաւագ Քիմ սկսած է քալել սովորական անձի մը պէս: Անիկա նոյնիսկ իր հեծանիւը կը քշէ, եւ ժրաջանութեամբ կը ծառայէ եկեղեցիին: Աւելին, ոչ շատ առաջ Սարկաւագ Քիմ ամուսնացաւ, եւ հիմա ճշմարտապէս ուրախ կեանք մը կ'ապրի:

Հաշմանդամի Աթոռէն Ելլել՝ Թաշկինակի Աղօթք Ստանալէ Ետք

ՄԷՆմինի մէջ հոյակապ դէպքեր եւ անսովոր հրաշքներ տեղի կ'ունենան, նման անոնց՝ որոնք արձանագրուած են Աստուածաշունչին մէջ: Այդ հրաշքներուն միջոցաւ Աստուած կը փառաւորուի նոյնիսկ ալ աւելի եւս: Այսպիսի դէպքերու եւ հրաշքներու միջեւ կը գտնուի նաեւ Աստուծոյ զօրութեան յայտնաբերումը՝ թաշկինակներու միջոցաւ:

Գործք Առաքելոց 19-րդ գլխուն 11-12 համարներուն մէջ մենք կը գտնենք որ՝ «Աստուած նշանաւոր հրաշքներ կ'ընէր Պօղոսին ձեռքով. այնպէս որ անոր մարմնէն թաշկինակներ ու գոգնոցներ կը տանէին հիւանդներուն եւ անոնք կը բժշկուէին ու չար ոգիները կ'ելլէին»: Նմանապէս, երբ մարդիկ կ'առնեն այդ թաշկինակները, որոնց վրայ ես աղօթած կ'ըլլամ, եւ կամ իմ մարմնիս վրայէն որեւէ իրեր կ'առնեն ու զանոնք կը տանին հիւանդներուն, այն ատեն բժշկութեան հրաշալի գործը կը յայտնաբերուի: Ասոր որպէս հետեւանք, ամբողջ աշխարհի շուրջը գտնուող շատ երկիրներ եւ ժողովուրդներ մեզմէ խնդրած են թաշկինակի արշաւներ կատարել իրենց իսկ շրջաններուն մէջ: Աւելին, Ափրիկէ, Փաքիստան, Ինտոնեզիա, Ֆիլիփփին, Հօնտուրաս, Ճաբոն, Չինաստան, Ռուսիա, եւ շատ ուրիշ երկիրներու մէջ անհամար թիւով մարդիկ նոյնպէս «արտասովոր հրաշքներու» փորձառութիւնը կ'ունենան:

2001-ի Ապրիլին, ՄԷՆմինի հովիւներէն մէկը թաշկինակի

արշաւ կատարեց Ինտոնեզիայի մէջ, որուն ընթացքին անհամար թիւով մարդիկ բժշկութիւն ստացան եւ փառք տուին կենդանի Աստուծոյն: Անոնց միջեւ կար պետական նախկին կառավարիչ մը, որ հաշմանդամի աթոռի մը վրայ կը յենէր: Երբ անիկա բժշկուեցաւ թաշկինակի աղօթքով, լուրը շուտով տարածուեցաւ՝ դառնալով մեծ պատմութիւն մը:

2003-ի Մայիսին, ՄԷՆմինի ուրիշ հովիւ մը թաշկինակի արշաւ կատարեց Չինաստանի մէջ, որուն ընթացքին, բժշկութեան բազմաթիւ դէպքերու միջեւ, մարդ մը, որ երեսունչորս տարիներէ իվեր անթացուպերու վրայ կը յենէր, սկսաւ մինակը քալել՝ առանց որեւէ մէկուն օգնութեան:

Կանէշ Կը Նետէ Իր Անթացուպերը՝ 2002-ին Բժշկութեան Հրաշքի Աղօթքի Փառատօնի Ընթացքին, Հնդկաստանի մէջ

2002-ին, Բժշկութեան Հրաշքի Փառատօնին, որ տեղի ունեցաւ Չէնայի Մարինա Ծովեզրին վրայ, գերազանցօրէն Հինտու Հնդկաստանի մէջ, աւելի քան երեք միլիոն ժողովուրդ հաւաքուեցան, որոնք ականատես դարձան Աստուծոյ զօրութեան առաջնակարգ եւ ճշմարտապէս ապշեցուցիչ գործին, եւ անոնցմէ շատերը Քրիստոնեայ դարձան: Նախքան այս արշաւը, պնդացած ոսկորներու քակուելուն եւ մեռած ջիղերու վերակենդանանալուն քայլափոխը դանդաղ կ'ընթանար: Սկսելով Հնդկաստանի Արշաւէն, բժշկութեան գործը ասպարէզ կարդաց մարդկային մարմնի օրէնքին դէմ:

«Ես այլեւս չեմ զգար
այդ ինը գամերը՝
որոնք կը ճնշէին
մարմնիս ու ոսկորիս վրայ...

Ես առաջ նոյնիսկ չէի կրնար ոտքի
կայնիլ
այդ ցաւին պատճառով,
սակայն հիմա ես կրնամ քալել...»:

Կանէշ կը սկսի քալել՝
առանց անթացուպերու,
աղօթք ստանալէ ետք՝
Դոկտ. Ճէյրոք Լիի կողմէ:

Բժշկութիւն ստացողներուն միջեւ կը գտնուէր տասնըվեց տարեկան տղայ մը՝ Կանէշ անունով: Անիկա ինկած էր իր հեծանիւէն՝ իր աջ որովայնակոնքը վնասելով: Տան մէջ դրամական դժուար պայմանները արգիլած էին զինք յարմար դարմանում ստանալէ: Մէկ տարի անցնելէ ետք, ուռ մը յառաջացած էր իր ոսկորին մէջ, եւ Կանէշ ստիպուած էր իր աջ որովայնակոնքը հանել տալու: Բժիշկները բարակ մետաղէ տախտակ մը զետեղած էին անոր բարձոսկրին ու որովայնակոնքին մնացեալ մասերուն վրայ, եւ տախտակը ինը գամերով ամրացուցած էին: Ամրացուած գամերէն յառաջացած այդ ահռելի ցաւը իրեն համար անկարելի դարձուցած էր առանց անթացուպերու վեր-վար քալել՝ սանդուխի մը կամ սանդղարանի մը վրայէն:

Երբ լսեց այս հոգեւոր արշաւին մասին, Կանէշ յաճախեց զայն եւ Սուրբ Հոգիին կրակէ գործին փորձառութիւնը ունեցաւ: Չորս օրուայ արշաւին երկրորդ նստաշրջանին, մինչ «Հիւանդներու վրայ Աղօթքը» կը ստանար, Կանէշ զգաց որ իր մարմինը երթալով կը տաքնար, կարծէք թէ եռացող ջուրի պտուկի մը մէջ դրուած ըլլար, եւ այլեւս ոչ մէկ ցաւ զգաց իր մարմնին մէջ: Անմիջապէս անիկա բեմ ելաւ եւ իր բժշկութեան վկայութիւնը տուաւ: Անկէ իվեր, Կանէշ ոչ մէկ ցաւ զգացած է իր մարմնին որեւէ մէկ մասին մէջ, այլեւս անթացուպեր չէ օգտագործած, եւ սկսած է ազատօրէն քալել ու վազել:

Տուպայի մէջ Կին մը Ոտքի Կ'ելլէ Իր Հաշմանդամի Աթոռէն

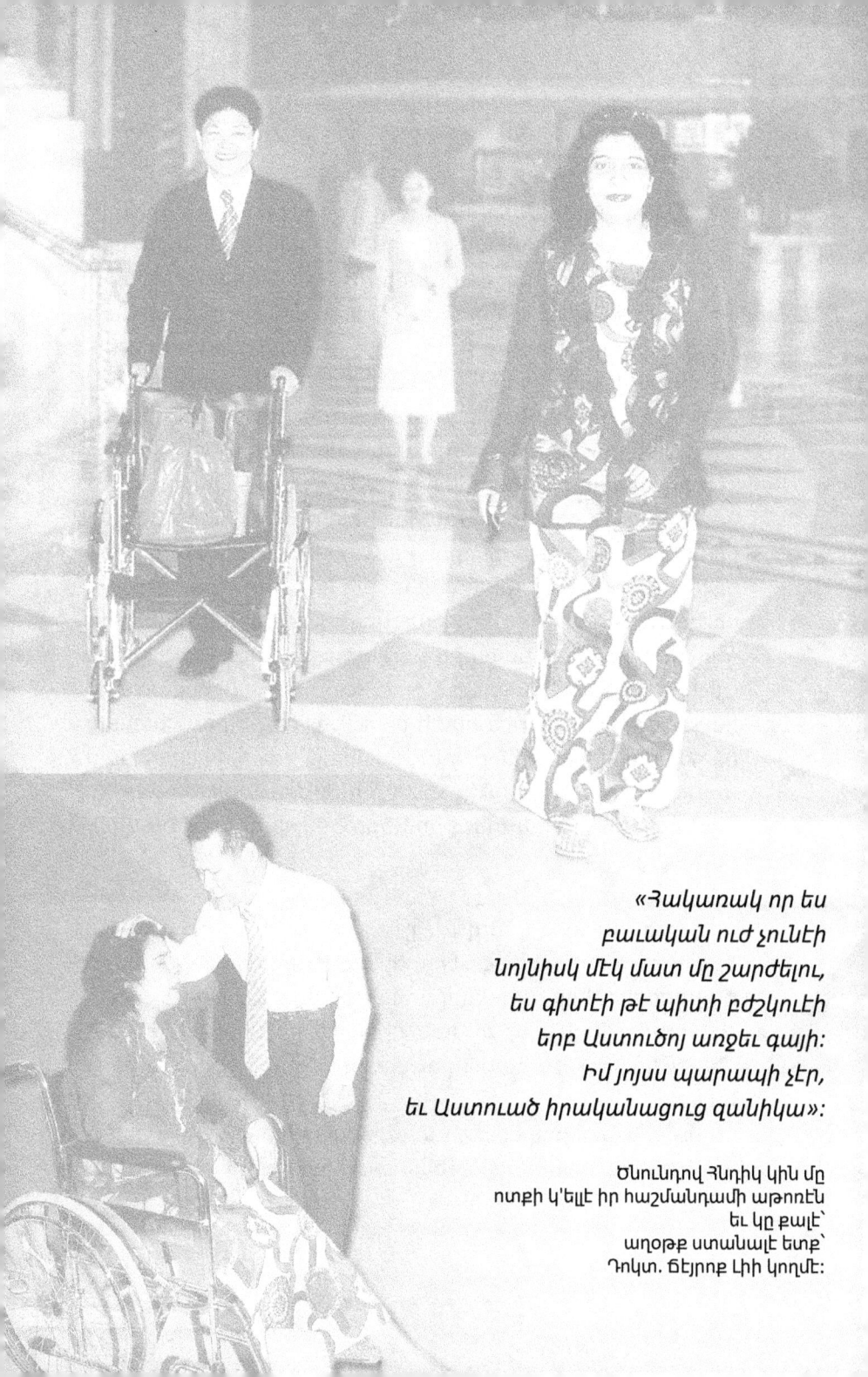

«Հակառակ որ ես
բաւական ուժ չունէի
նոյնիսկ մէկ մատ մը շարժելու,
ես գիտէի թէ պիտի բժշկուէի
երբ Աստուծոյ առջեւ գայի:
Իմ յոյսս պարապի չէր,
եւ Աստուած իրականացուց զանիկա»:

Ծնունդով Հնդիկ կին մը
ոտքի կ'ելլէ իր հաշմանդամի աթոռէն
եւ կը քալէ՝
աղօթք ստանալէ ետք՝
Դոկտ. Ճէյրոք Լիի կողմէ:

2003-ի Ապրիլին, մինչ ես կը գտնուէի Տուպայի մէջ, Արաբական Միացեալ Էմիրութիւններ, ծնունդով Հնդիկ կին մը ոտքի ելաւ իր հաշմանդամի աթոռէն՝ անմիջապէս որ աղօթքս ստացաւ: Անիկա խելացի կին մըն էր, որ ուսանած էր Միացեալ Նահանգներու մէջ: Անձնական հարցերու հետեւանքով, անիկա կը տառապէր մտային ցնցումէ, որուն կ'ընկերակցէր ինքնաշարժի արկածի մը յետագայ արդիւնքները, եւ ուրիշ բարդութիւն մը:

Երբ ես առաջին անգամ ըլլալով տեսայ այս կինը, անիկա անկարող էր քալելու, խօսելու ուժ չունէր, եւ չէր կրնար վերցնել իր ակնոցները, որոնք գետին ինկած էին: Նաեւ, ան աւելցուց որ ինք չափազանց տկար էր գրելու կամ գաւաթ մը ջուր վերցնելու: Երբ ուրիշներ պարզապէս միայն կը դպչէին իրեն, ինք սաստիկ չարչարալից ցաւի մէջ կ'ըլլար: Ամէն պարագայի, աղօթքէն ետք, այդ կինը անմիջապէս իր հաշմանդամի աթոռէն ոտքի ելաւ: Նոյնիսկ ես չափազանց զարմացած էի այս կնոջ վրայ, որ միայն քանի մը վայրկեան առաջ պէտք եղած ուժը չունէր խօսելու, մինչ հիմա ան կրցաւ իրեն պատկանող բաները հաւաքել եւ սենեակէն դուրս քալել:

Երեմեայ 29.11 մեզի կ'ըսէ. «Քանզի ձեզի համար ծրագիրս գիտեմ, կ'ըսէ Տէրը, ծրագիր մը բարօրութեան եւ ո՛չ չարիքի, ձեզի ապագայ մը եւ յոյս մը տալու»: Մեր Հայր Աստուածը մեզի այնքան շատ սիրած է, որ առանց խնայելու մինչեւ իսկ Իր մէկ հատիկ ու միածին Որդին զոհած է մեզի համար:

Ուրեմն, նոյնիսկ եթէ դուն դժբախտ կեանք մը կ'ապրէիր ֆիզիքական անկարողութեան պատճառաւ, դուն յոյս ունիս ուրախ եւ առողջ կեանք մը ապրելու Հայր Աստուծոյ վրայ հաւատքով: Աստուած չուզեր իր զաւակներէն որեւէ մէկը տեսնել փորձութիւններու եւ նեղութեան մէջ: Աւելին, Անիկա մեծ կարօտով կը փափաքի աշխարհի մէջ ամէն մէկուն տալ խաղաղութիւն, ցնծութիւն, ուրախութիւն, եւ ապագայ մը:

Մարկոս 2-ի մէջ պատկերուած անդամալոյծին պատմութեան ընդմէջէն, դուք կրցաք գիտնալ այն միջոցները եւ ձեւերը որով կարող կ'ըլլաք ձեր սրտիդ փափաքներուն համար պատասխաններ ստանալ: Թող ձեզմէ իւրաքանչիւրը հաւատքի անօթ մը պատրաստէ եւ ստանայ այն՝ ինչ որ ինք կը խնդրէ. մեր Տէրոջը Յիսուս Քրիստոսի անունով ես կ'աղօթեմ...

Պատգամ 8

Մարդիկ Պիտի Ցնծան, Պիտի Պարեն ու Պիտի Երգեն

Մարկոս 7.31-37

Նորէն Տիւրոսի ու Սիդոնի սահմաններէն ելլելով,
գնաց Գալիլիայի ծովեզերքը,
Դեկապոլիսի սահմաններուն մէջէն:
Մէկը բերին Անոր առջեւ,
Խուլ ու դժուարախօս
ու կ'աղաչէին որ անոր վրայ ձեռք դնէ:
Ժողովուրդէն մէկդի առնելով զանիկա,
իր մատները անոր ականջներուն մէջ խոթեց
ու թքաւ, եւ անոր լեզուին դպաւ,
ապա երկինք նայելով՝ հառաչեց ու ըսաւ անոր,
«Եփփաթա», (որ ըսել է Բացուէ՛.)
Եւ իսկոյն անոր ականջները բացուեցան
ու անոր լեզուին կապը քակուեցաւ
եւ շիտակ կը խօսէր:
Յիսուս անոնց պատուիրեց որ մարդո՛ւ չըսեն:
Թէեւ ինք կը պատուիրէր անոնց,
բայց անոնք ա՛լ աւելի կը տարածէին:
Ու չափէ դուրս կը զարմանային ու կ'ըսէին.
«Ամէն բաները աղէկ ըրաւ ասիկա,
որ խուլերուն լսել կու տայ եւ համրերուն խօսիլ»

Մատթէոս 4-րդ գլխուն 23-24 համարներուն մէջ մենք կը գտնենք հետեւեալը.

Յիսուս բոլոր Գալիլիա պտըտելով, կը սորվեցնէր անոնց ժողովարաններուն մէջ եւ արքայութեան աւետարանը կը քարոզէր ու ժողովուրդին մէջի ամէն կերպ հիւանդութիւնները ու ամէն կերպ ցաւերը կը բժշկէր: Անոր համբաւը բոլոր Սուրիա տարածուեցաւ եւ բերին Անոր՝ բոլոր հիւանդները, որոնք կերպ կերպ ցաւերով ու տանջանքներով կը նեղուէին եւ դիւահարներ ու լուսնոտներ եւ անդամալոյծներ ու բժշկեց զանոնք:

Յիսուս ոչ միայն Աստուծոյ խօսքը եւ Աստուծոյ թագաւորութեան բարի լուրը քարոզեց, այլ նաեւ բժշկեց ամիամար թիւով մարդիկ, որոնք կը տառապէին զանազան հիւանդութիւններէ: Բժշկելով հիւանդութիւններ՝ որոնց դիմաց մարդուն ուժը անօգուտ էր, Յիսուսի հռչակած խօսքը դրոշմուեցաւ ժողովուրդին սրտերուն մէջ, եւ Անիկա երկինք առաջնորդեց զանոնք՝ իրենց հաւատքին միջոցաւ:

Յիսուս Խուլ եւ Համր Մարդ մը Կը Բժշկէ

Մարկոս 7-րդ գլխուն մէջ կայ պատմութիւն մը, այն ժամանակ՝ երբ Յիսուս կը ճամբորդէր Տիւրոսէն դէպի

Սիդոն, յետոյ այնտեղէն դէպի Գալիլիայի Ծովը, անցնելով Դեկապոլիսի սահմաններուն մէջէն. հոն Յիսուս բժշկեց խուլ եւ դժուարախօս մարդ մը: Մէկը՝ որ «դժուարախօս» էր, այդ կը նշանակէ թէ անիկա կը կմկմար եւ չէր կրնար սահուն կերպով խօսիլ: Այս հատուածին մէջ մարդը հաւանաբար խօսիլ սորվեցաւ երբ ինք տակաւին երեխայ էր, բայց յետագային անիկա խուլցաւ եւ հիմա «դժուարախօս» էր, այսինքն՝ անիկա հազիւ թէ կրնար խօսիլ:

Ընդհանուր առմամբ, «խուլ եւ համր» մարդ մը այն մէկն է՝ որ խլութեան պատճառաւ լեզու չէ սորված կարենալ խօսելու համար. մինչդեռ «խլութիւնը» կ'ակնարկէ լսելու մէջ դժուարութիւն ունենալուն: Կան զանազան պատճառներ որով մէկը խուլ եւ համր կը դառնայ: Ասոնցմէ առաջինը՝ ժառանգական է: Երկրորդ պարագային, մէկը բնականէն խուլ եւ համր կ'ըլլայ եթէ անոր մայրը կը տառապի վարդախտէ կամ կարմրուկէ (որ այլապէս ճանչցուած է որպէս «Գերմանական հարսանիթ») կամ յղութեան ատեն սխալ դեղեր կ'առնէ: Երրորդ պարագային, եթէ պզտիկը ախտաճանաչուած է ուղեղատապով՝ իր երեք կամ չորս տարեկանին, այնպիսի ժամանակ մը՝ երբ պզտիկը նոր կը սկսի խօսիլ սորվիլ. այն ատեն անիկա կրնայ խուլ եւ համր դառնալ: Խլութեան պարագային, եթէ ականջին թմբուկը պատռուած է, լսողութիւնը օգնող գործիքները կրնան դիւրացնել այդ դժուարութիւնը: Եթէ հարց մը կայ ինքնին լսողական ջիղին մէջ, այն ատեն ոչ մէկ լսողութեան գործիք կրնայ օգտակար դառնալ: Ուրիշ պարագաներու՝ երբ մէկը կ'աշխատի շատ աղմկոտ միջավայրի մը մէջ, կամ երբ լսողութիւնը երթալով կը տկարանայ՝ մինչ ինք տարիքով կը մեծնայ ու կը ծերանայ, այն ատեն կ'ըսուի թէ որեւէ հիմնական դարման չկայ անոնց համար:

Ասկէ զատ, մէկը կրնայ խուլ կամ համր դառնալ՝ եթէ անիկա դիւահար է: Այսպիսի պարագայի մը մէջ, երբ հոգեւոր իշխանութիւն ունեցող անձ մը դուրս քշէ չար ոգիները, այդ անհատը պիտի սկսի անմիջապէս լսել եւ խօսիլ: Մարկոս 9-րդ գլխուն 25-27 համարներուն մէջ, երբ Յիսուս պիղծ ոգի մը յանդիմանեց տղու մը մէջ՝ որ անկարող էր խօսելու, ու ըսաւ անոր. «Համր ու խուլ ոգի, կը հրամայեմ քեզի, ելի՛ր ատկէ, ու մէյմըն ալ չմտնես ատոր ներսը» (25-րդ համար), պիղծ ոգին անմիջապէս ձգեց տղան եւ անիկա դարձեալ լսեց:

Հաւատա՛ որ երբ Աստուած կը գործէ, ոչ մէկ հիւանդութիւն կամ տկարութիւն երբեւիցէ որեւէ հարց կամ սպառնալիք պիտի յառաջացնէ քեզի: Այդ է պատճառը որ մենք Երեմիայ 32.27-ի մէջ կը գտնենք. «Ահա ես եմ Եհովա՝ ամէն մարմնի Աստուածը. միթէ Ինծի դժուար բան մը կա՞յ»: Սաղմոս 100.3 մեզ կը մղէ ըսելով. «Ճանչցէ՛ք թէ Եհովան է Աստուած, Անիկա ստեղծեց մեզ ու ո՛չ թէ մենք. մենք Անոր ժողովուրդը ու Անոր արօտին ոչխարներն ենք», մինչ Սաղմոս 94.9 մեզ կը յիշեցնէ ըսելով. «Միթէ ականջը տնկողը չի՞ լսեր, կամ թէ աչքը ստեղծողը չի՞ տեսներ»: Երբ մենք մեր սրտին խորերէն կը հաւատանք ամենակարող Հայր Աստուծոյն, որ մեր ականջները եւ աչքերը կազմած է, այն ատեն ամէն բան կարելի կ'ըլլայ: Այդ է պատճառը թէ ինչու

Յիսուսի համար, որ մարմնով եկաւ աշխարհ, ամէն բան կարելի էր։ Ինչպէս որ մենք կը գտնենք Մարկոս 7-րդ գլխուն մէջ, երբ Յիսուս խուլ եւ համր մարդը բժշկեց, մարդուն ականջները բացուեցան եւ իր խօսքերը վայելուչ ու տրամաբանական դարձան։

Երբ մենք ոչ միայն կը հաւատանք Յիսուս Քրիստոսի, այլ նաեւ երբ Աստուծոյ զօրութիւնը կը խնդրենք՝ հասուն հաւատքով, այն ատեն միեւնոյն գործը, որ արձանագրուած է Սուրբ Գիրքին մէջ, տեղի պիտի ունենայ նոյնիսկ այսօր։ Այս մասին Եբրայեցիս 13.8 մեզի կ'ըսէ. «Յիսուս Քրիստոս նոյնն է երէկ ու այսօր եւ յաւիտեանս», մինչ Եփեսացիս 4.13 մեզ կը յիշեցնէ թէ մենք պէտք է «հասնինք հաւատքին ու Աստուծոյ Որդին ճանչնալուն միաբանութեանը, կատարեալ մարդ ըլլալու, Քրիստոսի լման հասակին չափը ունենալու»։

Ամէն պարագայի, մարմնի մասերու այլակերպումը եւ կամ ջղային բջիջներու մահուան հետեւանքով խուլ ու համր դառնալը՝ բժշկութեան պարգեւով չեն կրնար բուժուիլ։ Միայն երբ անհատ մը, որ հասած է Յիսուս Քրիստոսի լեցունութեան չափին, որ զօրութիւն եւ իշխանութիւն կը ստանայ Աստուծմէ եւ Անոր կամքին համաձայն կ'աղօթէ, այն ատեն է որ բժշկութիւնը տեղի պիտի ունենայ։

Աստուծոյ կողմէ Խլութեան Բժշկութեան Պարագաներ՝ Մէնմինի մէջ

Ես ականատես դարձած եմ շատ պարագաներու, որով

Շնորհակալութեան երգ մը
այն մարդոց կողմէ՝
որոնք բժշկուած են իրենց խուլութենէն:

«Այն կեանքերով որ
Դուն մեզի տուած ես,
մենք երկրի վրայ պիտի քալենք
Քեզի կարօտելով:

Իմ հոգիս, որ բիւրեղի մը նման
պայծառ է,
Քեզի կու գայ»:

Սարկաւագուհի Նեքշիմ Բարք
Աստուծոյ փառք կու տայ՝ բժշկուելով
55-տարուայ խլութենէ ետք:

խլութիւնը բժշկուած է, եւ անհամար թիւով մարդիկ, որոնք նախապէս ի ծնէ անկարող էին լսելու, սկսած են առաջին անգամ ըլլալով լսել: Մասնաւորաբար կան երկու անձեր, որոնք յիսուն-հինգ եւ յիսուն-եօթը տարուայ մէջ առաջին անգամ ըլլալով սկսան լսել:

2000-ի Սեպտեմբերին, երբ ես Բժշկութեան Հրաշքի Փառատօն մը կը ձեռնարկէի Նակոյայի մէջ, Ճաբոն, տասներեք մարդիկ, որոնք լսողութեան վատթարացումէ կը տառապէին, բժշկութիւն ստացան անմիջապէս որ անոնք իմ աղօթքս ստացան: Այս լուրը փոխանցուեցաւ Քորէայի մէջ բազմաթիւ լսողութեան վատթարացում ունեցողներու, եւ անոնցմէ շատերը ներկայ եղան 2001-ի Մայիսին տեղի ունեցող իններորդ Երկու-շաբթուայ Յատուկ Ժողովներուն, բժշկութիւն ստացան, եւ մեծապէս փառաւորեցին զԱստուած:

Անոնց միջեւ կը գտնուէր երեսուներեք տարեկան կին մը, որ իր ութը տարեկանին՝ արկածի մը հետեւանքով խուլ եւ համր դարձած էր: 2001-ի Ժողովներէն քիչ մը առաջ՝ մեր եկեղեցին առաջնորդուելէ ետք, անիկա ինքզինքը պատրաստեց որ պատասխաններ ստանայ: Այդ կինը կը յաճախէր ամենօրեայ «Դանիէլի Աղօթաժողովը» եւ յիշելով իր անցեալի մեղքերը՝ ապաշխարեց ու զղջալով իր սիրտը պատռեց: Մեծ ջերմեռանդութեամբ ինքզինք Արթնութեան Ժողովին պատրաստելէ ետք, ան սկսաւ յաճախել զայն: Ժողովի վերջին նստաշրջանին, երբ ես ձեռքս դրի խուլ-համրերու վրայ՝ որպէսզի աղօթեմ անոնց համար, անիկա ոչ մէկ անմիջական փոփոխութիւն զգաց: Այսուհանդերձ, այդ կինը չյուսահատեցաւ: Փոխարէնը, երբ լսեց վկայութիւնները անոնց՝ որոնք բժշկութիւն ստացեր էին եւ տեսաւ անոնց ցնծութիւնն ու երախտագիտութիւնը, ալ աւելի եւս ջերմեռանդութեամբ հաւատաց որ ինքն ալ նոյնպէս պիտի կարենար բժշկուիլ:

Աստուած ասիկա հաւատք սեպեց եւ բժշկեց այդ կինը՝ ժողովը վերջանալէն անմիջապէս ետք: Ես տեսած եմ Աստուծոյ զօրութեան գործերը որոնք յայտնաբերուած են նոյնիսկ ժողովը աւարտելէն յետոյ: Աւելին, լսողութեան քննութիւնը, որուն ենթարկուեցաւ այդ կինը, միայն աւելի եւս վկայութիւն եղաւ անոր կատարեալ բժշկութեան՝ իր երկու ականջներուն մէջ: Ալէլուիա...

Բնական Խլութիւնը Բժշկութիւն Կը Ստանայ

Աստուծոյ զօրութեան յայտնաբերման քանակը տարուէ տարի երթալով աւելցած է: 2002-ին, Հոնտուրասի մէջ Բժշկութեան Հրաշքի Արշաւի ընթացքին, անհամար թիւով մարդիկ, որոնք խուլ եւ համր էին, սկսան լսել եւ խօսիլ: Երբ ապահովութեան անձնակազմի պետին աղջիկը արշաւի ընթացքին բժշկուեցաւ իր երկարատեւ խլութենէն, անիկա մեծապէս խանդավառուեցաւ եւ չափազանց երախտապարտ եղաւ:

Ութ տարեկան Մատէլին Եայմին Պարդրէս օրինաւոր կերպով չէր աճած եւ աստիճանաբար կորսնցուցած էր իր լսողութիւնը: Արշաւին մասին լսելէ ետք, Մատէլին աղաչեց իր հօրը որ զինք հոն տանի: Մատէլին ահագին մեծ շնորհք ստացաւ փառաբանութեան ընթացքին, եւ բոլոր հիւանդներուն համար իմ ըրած աղօթքս ստանալէ ետք, անիկա սկսաւ յստակօրէն լսել: Որովհետեւ անոր հայրը հաւատարմութեամբ գործած էր արշաւին համար, Աստուած այս ձեւով մեծապէս օրհնեց իր զաւակը:

2002-ի Բժշկութեան Հրաշքի Փառատօնին, Ճէնիֆըր Կը Հանէ Իր Լսողութեան Գործիքը

Հակառակ որ մենք Հնդկաստանի Արշաւի ընթացքին, ինչպէս նաեւ անկէ յետոյ, կարող չէինք արձանագրելու բժշկութեան բոլոր վկայութիւնները, որոնք անթիւ ու անհամար էին, սակայն նոյնիսկ ընտրուած կարգ մը վկայութիւններով, մենք պարտաւոր ենք շնորհակալութիւն յայտնելու եւ փառք տալու Աստուծոյ: Այսպիսի պարագաներու միջեւ կը գտնուի Ճէնիֆըր անունով աղջկայ մը պատմութիւնը, որ իր ծնունդէն իվեր խուլ եւ համր էր: Բժիշկ մը թելադրած էր որ անիկա լսողութիւնը օգնող գործիքներ օգտագործէ, որոնք կրնային քիչ մը բարելաւել իր լսողութիւնը, բայց բժիշկը յիշեցուցած էր նաեւ որ անոր լսողութիւնը չէր կրնար կատարեալ ըլլալ:

Մինչ Ճէնիֆըրին մայրը ամէն օր կ'աղօթէր իր աղջկան բժշկութեան համար, անոնք ներկայ եղան հոգեւոր

ճենիֆըր, բժշկուելով ի ծնէ ունեցած իր խլութենէն եւ իր բժիշկին արժեւորումով:

CHURCH OF SOUTH INDIA

Phone : 857 11 01
859 23 05

MADRAS DIOCESE

C. S. I. KALYANI MULTI SPECIALITY HOSPITAL

15, Dr. Radhakrishnan Salai, Chennai-600 004. (South India)

Ref. No.

Date 15/10/02

To whom it may concern.

Miss Jennifer aged 5 yrs has been examined by me at CSI Kalyani hospital for her hearing. After interacting with the child and observing her and after examining the child, I have come to the conclusion that Jennifer has definitely good hearing improvement now than before she was prayed for. Her mother observation of her child is far more important and the mother has definitely noticed marked improvement in her child's hearing ability. Jennifer hears much better without the hearing aid, responding to her name being called, whereas previously she was not, without the aid.

Audiogram Result: Moderate to severe sensori-neural hearing loss i.e 50% – 70% hearing loss.
Christie

Christie
Medical Officer, E.N.T. Surgeon.
C. S. I. KALYANI GENERAL HOSPITAL

արշաւին: Մայրը եւ աղջիկը նստան իսկայ բարձրախօսներէն մէկուն մօտ, որովհետեւ բարձրախօսին մօտ ըլլալը որեւէ կերպով անհանգիստ պիտի չընէր Ճէնիֆըրը: Ամէն պարագայի, արշաւին վերջին օրը, հաւաքուած մեծ ամբոխին պատճառաւ, անոնք չկրցան բարձրախօսին մօտ աթոռներ գտնել նստելու: Ասոր յաջորդեց իսկապէս անհաւատալի բան մը: Անմիջապէս որ ես բեմէն աւարտեցի հիւանդներուն համար աղօթքը, Ճէնիֆըր իր մօրը ըսաւ որ բոլոր այդ ձայնը չափազանց բարձր էր եւ խնդրեց իր մօրմէն որ հանէ իր լսողութիւնը օգնող գործիքները: Ալէլուիա...

Նախքան այս բժշկութեան յայտնուիլը, բժշկական արձանագրութիւններուն համեմատ, առանց լսողութիւնը օգնող այդ գործիքներուն, Ճէնիֆըրին լսողութիւնը պիտի չյարմարէր նոյնիսկ ամենէն բարձր ձայնի ուժգնութեան: Այլ խօսքով, Ճէնիֆըր կորսնցուցած էր իր լսողութեան հարիւր-առ-հարիւրը, բայց աղօթքէն ետք երեւան ելաւ որ իր լսողութեան 30~50 առ հարիւրը վերանորոգուած էր: Հետեւեալը՝ ականջ-քիթ-կոկորդաբան բժիշկ՝ Քրիսթինային արժեւորումն է՝ Ճէնիֆըրի մասին.

Հինգ (5) տարեկան Ճէնիֆըրի լսողութեան կարողութիւնը արժեւորելու համար, ես քննեցի զայն Սի.Էս.Այ. Քալեանի Բազմա-Մասնագիտական Հիւանդանոցին մէջ: Ճէնիֆըրին հետ խօսելէ եւ զայն քննելէ ետք, ես հասայ այն եզրակացութեան, որ կարգ մը հաստատ եւ երեւելի բարեփոխումներ եղած էին իր լսողութեան մէջ՝ աղօթքէն ետքը: Ճենիֆըրին մօրը կարծիքները նոյնպէս կը յարմարին: Անիկա նոյն նկատողութիւնը ըրած էր՝ ինչ որ ես ըրած էի: Ճենիֆըրին լսողութիւնը վստահ եւ ազդեցիկ կերպով բարելաւուած էր: Այս ժամանակ, Ճենիֆըր կրնայ լաւ լսել՝ առանց լսողութեան գործիքներու օգնութեան, եւ անիկա լաւ կը պատասխանէ երբ մարդիկ իր անունը կը կանչեն: Այսպէս չէր պարագան աղօթքէն առաջ՝ առանց լսողութեան գործիքներու օգնութեան:

Բոլոր անոնց համար՝ որոնք իրենց սրտերը կը պատրաստեն հաւատքով, Աստուծոյ զօրութիւնը անկասկած կը յայտնաբերուի: Վստահաբար կան բազմաթիւ պարագաներ, որոնց մէջ հիւանդներուն վիճակը օրէ օր կը բարելաւուի, այնքան ատեն որ անոնք հաւատարիմ կեանքեր կ'ապրին Քրիստոսով:

Յաճախ, Աստուած սկիզբը կատարեալ բժշկութիւն չի տար անոնց՝ որոնք խուլ էին իրենց փոքր տարիքէն: Եթէ անոնք սկսած են լաւ լսել իրենց բժշկուած վայրկեանէն, իրենց համար դժուար պիտի ըլլայ այդ բոլոր ձայներուն դիմանալ: Իսկ եթէ մարդիկ իրենց լսողութիւնը կորսնցուցած են իրենց հասուն տարիքին, Աստուած կրնայ զանոնք անմիջապէս բժշկել կատարելապէս, որովհետեւ իրենց համար շատ ժամանակ պիտի չառնէ յարմարելու այդ ձայներուն: Այսպիսի պարագաներուն, մարդիկ կրնան շուարիլ սկիզբը, բայց մէկ կամ երկու օր ետք, անոնք պիտի հանդարտին եւ պիտի ընտելանան իրենց լսելու կարողութեան:

2003-ի Ապրիլին, դէպի Տուպայ եւ Արաբական Միացեալ Էմիրութիւններ իմ այցելութեանս ընթացքին, ես հանդիպեցայ երեսուներկու տարեկան կնոջ մը, որ իր խօսելու կարողութիւնը կորսնցուցեր էր՝ ուղեղային խելապատապէ տառապելէ ետք, երբ ինք տակաւին երկու տարեկան էր: Անմիջապէս որ աղօթքս ստացաւ, այդ կինը շատ յստակօրէն ըսաւ. «Շնորհակալ եմ»: Ես անոր ըրած ակնարկութեան մասին խորհեցայ թէ այդ պարզապէս գնահատանքի նշան մըն էր, բայց իր ծնողները ինծի ըսին որ երեք տասնամեակներ անցեր էին այն ատենէն՝ երբ իրենց աղջիկը վերջին անգամ «Շնորհակալ եմ» բառերը արտասանած էր:

Իրազեկ Դառնալու՝ Զօրութեան Փործառութեան, որ Կը Կարողացնէ Համրին՝ Խօսելու եւ Խուլին՝ Լսելու

Մարկոս 7.33-35-ի մէջ հետեւեալը կը կարդանք.

Ժողովուրդէն մեկդի առնելով զանիկա, Իր մատները անոր ականջներուն մէջ խոթեց ու թքաւ, եւ անոր լեզուին դպաւ, ապա երկինք նայելով՝ հառաչեց ու ըսաւ անոր. «Եփփաթա», (որ ըսել է Բացուէ՛.) եւ իսկոյն անոր ականջները բացուեցան ու անոր լեզուին կապը քակուեցաւ եւ շիտակ կը խօսէր:

Հոս, եբրայերէն «եփփաթա» բառը կը նշանակէ «Բացուէ՛»: Երբ Յիսուս ստեղծագործութեան նախնական ձայնով հրամայեց, մարդուն ականջները բացուեցան եւ անոր լեզուին կապը քակուեցաւ:

Ուրեմն ինչո՞ւ համար Յիսուս Իր մատները դրաւ մարդուն ականջներուն մէջ, նախքան հրամայելը՝ «եփփաթա»: Հռովմայեցիս 10.17 մեզի կ'ըսէ. «Ուրեմն հաւա՛տքը լսելէն է ու լսելը՝ Աստուծոյ խօսքէն»: Որովհետեւ այս մարդը չէր կրնար լսել, իրեն համար դիւրին չէր հաւատքի տիրանալը: Աւելին, այդ մարդը Յիսուսի քով չեկաւ որպէսզի բժշկութիւն ստանայ: Ընդհակառակը, կարգ մը մարդիկ զինք բերին Յիսուսի: Իր մատները դնելով մարդուն ականջներուն մէջ, Յիսուս Իր մատներուն զգացումովը օգնեց մարդուն որպէսզի անիկա հաւատք ունենայ:

Երբ մենք հասկնանք հոգեւոր իմաստը որ թաղուած է այս տեսարանին մէջ, ուր Յիսուս Աստուծոյ զօրութիւնը յայտնաբերեց, միայն այն ատեն է որ մենք կրնանք Իր զօրութեան փորձառութիւնը ունենալ: Ուրեմն մենք մասնայատուկ կերպով ի՞նչ քայլեր պէտք է առնենք այս ուղղութեամբ:

Առաջին՝ մենք պէտք է հաւատք ունենանք որպէսզի բժշկութիւն ստանանք:

Նոյնիսկ եթէ անոր ունեցածը հաւատքը քիչ է, այն անձը որ բժշկութիւն ստանալու կարիքը ունի, պէտք է հաւատք ունենայ: Ամէն պարագայի, ոչ նման Յիսուսի ժամանակներուն, եւ քաղաքակրթութեան յառաջացման պատճառով, կան բազմաթիւ միջոցներ, ներառեալ նշանի լեզուն, որով նոյնիսկ վատթարացած լսողութիւնը կրնայ հանդիպիլ աւետարանին: Սկսելով քանի մը տարիներ առաջուընէ, Մէնմինի մէջ տրուած բոլոր պատգամները միաժամանակ կը թարգմանուէին նշանի լեզուին: Անցեալի պատգամները նոյնպէս շարունակաբար կը վերամշակուին նշանի լեզուով՝ անոր յատուկ ցանցակայքին վրայ:

Աւելին, ուրիշ շատ ձեւերով, ներառեալ՝ գիրքեր, օրաթերթեր, պարբերաթերթեր, ձայներիզներ եւ տեսաերիզներ, կրնաս հաւատքի տիրանալ՝ այնքան ատեն որ դուն կը որոշես ունենալ այդ հաւատքը: Անգամ մը որ հաւատքի տիրանաս, դուն կրնաս Աստուծոյ զօրութեան փորձառութիւնը ունենալ: Ես յիշատակած եմ կարգ մը վկայութիւններ որպէս միջոց՝ օգնելու քեզի որ դուն հաւատքի տիրանաս:

Յետոյ, մենք պէտք է թողութիւն ստանանք:

Ինչո՞ւ համար Յիսուս թքեց եւ մարդուն լեզուին դպաւ, Իր մատները մարդուն ականջներուն մէջ դնելէ ետք: Ասիկա հոգեւորապէս կը խորհրդանշէ ջուրով մկրտութեան, որը անհրաժեշտ էր մարդուն մեղքերուն թողութեան համար: Ջուրով մկրտութիւնը կը նշանակէ թէ մենք պէտք է մեր բոլոր մեղքերէն մաքրուինք՝ Աստուծոյ խօսքով, որը մաքուր ջուրի պէս է: Աստուծոյ զօրութեան փորձառութիւնը ունենալու համար, ամէն բանէ առաջ մարդ պէտք է լուծէ մեղքի հարցը: Փոխանակ մարդուն անմաքրութիւնը ջուրով մաքրելու, Յիսուս զայն Իր թուքով փոխարինեց, եւ այս ձեւով այս մարդուն թողութիւնը խորհրդանշեց: Եսայեայ 59.1-2 մեզի կ'ըսէ. «Միթէ Տէրոջը ձեռքը կարող չէ՞ փրկել, կամ Անոր ականջը ծանրացա՞ւ, որ չլսէ: Բայց ձեր ու ձեր Աստուծոյն միջեւ բաժանում ձգողը ձեր անօրէնութիւնները եղան: Ձեր մեղքերը Անոր երեսը ձեզմէ ծածկեցին, որ չլսէ»:

Ինչպէս որ Բ. Մնացորդաց 7.14-ի մէջ Աստուած մեզի խոստացաւ. «Ու Իմ անունովս կոչուած ժողովուրդս եթէ խոնարհին ու աղօթք ընեն ու Իմ երեսս խնդրեն եւ իրենց չար ճամբաներէն դառնան, Ես ալ երկնքէն պիտի լսեմ ու անոնց մեղքը ներեմ ու անոնց երկիրը պիտի բժշկեմ», որպէսզի կարենաս Աստուծմէ պատասխաններ ստանալ, դուն պէտք է ետ դառնաս եւ ճշմարտապէս ինքզինքդ քննես, քու սիրտդ պատռես, եւ ապաշխարես:

Ի՞նչ բանի համար պէտք է զղջանք Աստուծոյ առջեւ:

Առաջին, դուն պէտք է զղջաս Աստուծոյ չհաւատալուդ եւ Յիսուս Քրիստոսը չընդունելուդ համար: Յովհաննու 16.9-ի մէջ, Յիսուս մեզի կ'ըսէ թէ Սուրբ Հոգին պիտի յանդիմանէ աշխարհը մեղքի համար, որովհետեւ մարդիկ չեն հաւատար

Իրեն: Դուն պէտք է անդրադառնաս որ Տէրը Յիսուս Քրիստոսը չընդունիլը մեղք է, եւ ուրեմն հաւատա՛ Տէրոջը եւ Աստուծոյ:

Երկրորդ, եթէ քու եղբայրներդ չես սիրած, դուն պէտք է զղջաս: Յովհաննու 4.11-ը մեզի կ'ըսէ. «Սի՛րելիներ, եթէ Աստուած մեզ այսպէս սիրեց, ուրեմն մենք ալ պարտաւոր ենք մէկզմէկ սիրել»: Եթէ քու եղբայրդ կ'ատէ քեզ, ասոր դիմաց՝ փոխանակ զինքը ատելու, դուն պէտք է համբերող եւ ներողամիտ ըլլաս: Նաեւ, դուն պէտք է քու թշնամիդ սիրես, առաջ իր շահը փնտռես, եւ խորհիս ու վարուիս՝ ինքզինքդ իր տեղը դնելով: Երբ դուն կը սկսիս սիրել մարդիկը, այն ատեն Աստուած քեզի կարեկցութիւն, ողորմութիւն, եւ Իր բժշկութեան գործը ցոյց պիտի տայ:

Երրորդ, եթէ անձնական շահերու համար աղօթած ես, դուն պէտք է զղջաս: Աստուած չիճնուիր անոնցմէ՝ որոնք անձնական շարժառիթներով կ'աղօթեն: Անիկա պիտի չպատասխանէ քեզի: Նոյնիսկ հիմակուընէ սկսեալ, դուն պէտք է Աստուծոյ կամքին համաձայն աղօթես:

Չորրորդ, եթէ աղօթեցիր եւ սակայն կասկածեցար, դուն պէտք է զղջաս: Յակոբու 1.6-7-ի մէջ կը կարդանք. «Միայն թէ հաւատքով թող խնդրէ՛ ու չերկմտի. վասն զի ան որ երկմիտ է, ծովուն հողմակոծեալ ու տատանեալ ալիքներուն նման է. այն մարդը թող չկարծէ թէ Տէրոջմէ բան մը պիտի առնէ»: Հետեւաբար, երբ կ'աղօթենք, մենք պէտք է հաւատքով աղօթենք եւ Զինք հաճեցնենք: Աւելին, ինչպէս որ Եբրայեցիս 11.6-ը մեզ կը յիշեցնէ ըսելով. «Բայց առանց հաւատքի անհնար է Աստուծոյ հաճելի ըլլալ», ուրեմն ձերբազատուէ՛ կասկածներէդ եւ միայն հաւատքով խնդրէ:

Հինգերորդ, եթէ չես հնազանդած Աստուծոյ պատուէրներուն, դուն պէտք է զղջաս: Ինչպէս որ Յովհաննու 14.21-ի մէջ Յիսուս մեզի կ'ըսէ. «Ան որ Իմ պատուէրներս կը բռնէ ու կը պահէ զանոնք, անիկա է Զիս սիրողը եւ ան որ Զիս կը սիրէ՝ Իմ Հօրմէս պիտի սիրուի ու ես զանիկա պիտի սիրեմ եւ Ինքզինքս անոր պիտի յայտնեմ», երբ դուն Աստուծոյ հանդէպ քու սիրոյդ ապացոյցը կը յայտնաբերես՝ Իր պատուէրներուն հնազանդելով, այն ատեն դուն կրնաս պատասխաններ ստանալ Իրմէ: Ատեն ատեն, հաւատացեալները երթեւեկի արկածներու կը հանդիպին: Պատճառը այն է՝ որովհետեւ անոնք Տէրոջը Օրը սուրբ չեն պահած կամ իրենց տասանորդը ամբողջութեամբ չեն տուած: Որովհետեւ անոնք չշարունակեցին մնալ Քրիստոնեաներու ամենէն հիմնական օրէնքներու շարքին մէջ, այսինքն՝ Տասը Պատուիրանքներուն, ուստի չեն կրնար Աստուծոյ պաշտպանութեան տակ դրուիլ: Անոնք որոնք հաւատարմութեամբ կը հնազանդին Աստուծոյ պատուէրներուն, անոնց միջեւ կան ոմանք՝ որոնք արկածներու կը հանդիպին՝ իրենց անձնական սխալներուն հետեւանքով: Այսուհանդերձ, անոնք կը պաշտպանուին Աստուծոյ կողմէ: Այսպիսի պարագաներու մէջ, Աստուծոյ պաշտպանութեամբ, ներսը գտնուող մարդիկը անվնաս կը մնան, նոյնիսկ եթէ ինքնաշարժը ամբողջովին վնասուած ըլլայ, որովհետեւ Աստուած կը սիրէ զիրենք եւ Իր սիրոյն ապացոյցը ցոյց կու տայ իրենց:

Աւելին, մարդիկ, որոնք չեն ճանչցած զԱստուած, յաճախ արագ բժշկութիւն կը ստանան աղօթք ստանալէ ետք: Պատճառը այն է՝ որովհետեւ պարզ այն իրողութիւնը՝ որ անոնք եկեղեցի եկած են, ինքնին հաւատքի արարք մըն է, եւ Աստուած կը գործէ անոնց մէջ: Ամէն պարագայի, երբ մարդիկ հաւատք ունին եւ գիտեն ճշմարտութիւնը, բայց եւ այնպէս անոնք կը շարունակեն անհնազանդ ըլլալ Աստուծոյ պատուէրներուն եւ Իր Խօսքով չեն ապրիր, ասիկա պատ մը կը դառնայ Աստուծոյ եւ իրենց միջեւ, եւ ուրեմն անոնք բժշկութիւն չեն ստանար: Արտասահմանեան Միացեալ Մեծ Արշաւներու ընթացքին, Աստուած մեծապէս կը գործէ անհաւատներու միջեւ: Ասոր պատճառը այն է՝ որովհետեւ պարզապէս այն իրողութիւնը՝ որ կռապաշտները կը լսեն լուրը եւ ներկայ կ'ըլլան այդ արշաւներուն, արդէն ինքնին հաւատք կը սեպուի Աստուծոյ տեսանկիւնէն:

Վեցերորդ, եթէ դուն չես սերմանած, պէտք է աշխատիս: Ինչպէս որ Գաղատացիս 6.8 մեզի կ'ըսէ. «Վասն զի ինչ որ մարդ կը սերմանէ, նոյնը պիտի հնձէ», Աստուծոյ զօրութեան փորձառութիւնը ունենալու համար, ամէն բանէ առաջ դուն պէտք է ժրաջանութեամբ յաճախես պաշտամունքի արարողութիւնները: Յիշէ թէ երբ քու մարմնովդ կը սերմանես, առողջութեան օրհնութիւններ պիտի ստանաս, իսկ երբ քու հարստութեամբդ կը սերմանես, հարստութեան օրհնութիւններ պիտի ստանաս: Ուրեմն, եթէ դուն կ'ուզես հնձել առանց սերմանելու, պէտք է զղջաս այդ բանին համար:

Ա. Յովհաննու 1.7-ի մէջ կը կարդանք. «Հապա եթէ լոյսի մէջ քալենք, ինչպէս Անիկա լոյսի մէջ է, իրարու հետ հաղորդակից կ'ըլլանք ու Անոր Որդիին Յիսուս Քրիստոսին արիւնը մեզ ամէն մեղքէ կը սրբէ»: Աւելին, ամուր բռնելով Ա. Յովհաննու 1.9-ի մէջ արձանագրուած Աստուծոյ խոստումը, որ կ'ըսէ. «Եթէ խոստովանինք մեղքերնիս, հաւատարիմ ու արդար է Անիկա մեր մեղքերուն թողութիւն տալու եւ մեզ ամէն անիրաւութենէ սրբելու», վստահ եղիր ետ դառնալու եւ ինքզինքդ քննելու, ապաշխարէ՛ եւ լոյսին մէջ քալէ:

Թող որ ստանաս Աստուծոյ կարեկցութիւնը, ստանաս ամէն ինչ որ դուն կը խնդրես, եւ Իր զօրութեամբ ստանաս ոչ միայն բժշկութեան օրհնութիւններ, այլ նաեւ օրհնութիւններ՝ կեանքի բոլոր գործառնութիւններուն մէջ. մեր Տէրոջը՝ Յիսուս Քրիստոսի անունով ես կ'աղօթեմ...

Պատգամ 9

Աստուծոյ Անվրէպ Նախասահմանութիւնը

Բ. Օրինաց 26.16-19

Այսօր քու Տէր Աստուածդ քեզի կը պատուիրէ որ
այս կանոնները ու օրէնքները գործադրես,
ուստի բոլոր սրտովդ ու բոլոր հոգիովդ
պահէ՛ ու կատարէ զանոնք:
Դուն այսօր Տէրոջը խօսք կու տաս,
որպէսզի Անիկա քեզի Աստուած ըլլայ,
դուն Անոր ճամբաներուն մէջ քալես
եւ Անոր կանոնները, պատուիրանքներն
ու օրէնքները պահես, խօսքին մտիկ ընես:
Տէրն ալ այսօր քեզի խօսք կու տայ,
որ դուն Իրեն սեփական ժողովուրդ ըլլաս,
ինչպէս քեզի խոստացած էր:
Եթէ Անոր բոլոր պատուիրանքները պահես,
Ան ալ իր բոլոր ստեղծած ազգերէն գերազանց
պիտի ընէ քեզ գովութիւնով, համբաւով ու
փառքով,
որպէս զի սուրբ ժողովուրդ մը ըլլաս
քու Տէր Աստուծոյդ՝ իր ըսածին պէս

Եթէ հարցուի ընտրել սիրոյ ծայրագոյն աստիճանի կերպարանքը, շատ մարդիկ պիտի ընտրեն իրենց ծնողներուն սէրը, մասնաւորաբար մօր մը սէրը՝ իր կաթընկեր մանուկին նկատմամբ: Տակաւին, Եսայեայ 49.15-ի մէջ մենք կը գտնենք, որ կ'ըսէ. «Միթէ կինը իր կաթընկեր մանուկը կրնա՞յ մոռնալ, այնպէս որ իր որովայնին ծննդեանը վրայ չի գթայ: Թէեւ անոնք մոռնան, բայց ես քեզ պիտի չմոռնամ»: Աստուծոյ յորդառատ սէրը անբաղդատելի է մօր մը սիրոյն՝ իր կաթընկեր մանուկին նկատմամբ:

Սիրոյ Աստուածը ոչ միայն կ'ուզէ որ բոլոր մարդիկը փրկութեան հասնին, այլ նաեւ Ան կ'ուզէ որ մարդիկ վայելեն յաւիտենական կեանք, օրհնութիւն, եւ հաճոյք՝ հոյակապ երկինքին մէջ: Այդ է պատճառը թէ ինչու Ան կը փրկէ Իր զաւակները փորձութիւններէ եւ տանջանքներէ, եւ կ'ուզէ անոնց տալ ամէն բան՝ որ կը խնդրեն: Նաեւ, Աստուած մեզմէ ամէն մէկը կ'առաջնորդէ ապրելու օրհնեալ կեանք մը ոչ միայն երկրի վրայ, այլ նաեւ յաւիտենական կեանքի մէջ, որ պիտի գայ:

Հիմա, զօրութեան եւ մարգարէութեան միջոցաւ որ Աստուած մեզի թոյլատրած է Իր սիրովը, մենք պիտի քննարկենք Աստուծոյ նախասահմանութիւնը՝ Մէնմին Կեդրոնական Եկեղեցիին համար:

Աստուծոյ Սէրը Կ'ուզէ Բոլոր Հոգիները Փրկել

Բ. Պետրոս 3-րդ գլխուն 3-4 համարներուն մէջ մենք կը գտնենք հետեւեալը.

Բայց նախ ասիկա գիտցէք, թէ վերջին օրերը ծաղր ընողներ պիտի գան, որոնք իրենց ցանկութիւններուն համեմատ պիտի քալեն եւ պիտի ըսեն. «Ո՞ւր է Անոր գալուն խոստումը, վասն զի թէեւ մեր հայրերը քնացան, բայց դեռ ամէն բան այնպէս կը մնայ, ինչպէս արարածներուն սկիզբն էր»:

Շատ մարդիկ պիտի չհաւատան մեզի երբ իրենց խօսինք ժամանակաշրջանի վերջին օրերուն մասին: Ինչպէս որ արեւը միշտ ծագած եւ մարը մտած է, ինչպէս որ մարդիկ ծնած եւ մեռած են, եւ ինչպէս որ քաղաքակրթութիւնը միշտ յառաջ գացած է, այսպիսի մարդիկ բնականաբար կ'ենթադրեն որ ամէն բան այսպէս անընդհատ պիտի շարունակուի:

Ինչպէս որ թէ սկիզբ մը եւ թէ ալ վերջ մը կայ մարդուն կեանքին համար, եթէ մարդկային պատմութեան մէջ սկիզբ մը կայ, անպայմանօրէն կայ նաեւ վերջ մը՝ անոր համար: Երբ Աստուծոյ ընտրած ժամանակը հասնի, տիեզերքին մէջ ամէն բան վերջ պիտի գտնէ: Բոլոր ժողովուրդները որոնք երբեւիցէ ապրած էին Ադամէն սկսեալ, դատաստան պիտի ստանան: Նայած թէ մէկը ինչպէս ապրած է երկրի վրայ, այդ համեմատութեամբ է որ ան պիտի մտնէ կա՛մ երկինք եւ կամ դժոխք:

Մէկ կողմէն, մարդիկ՝ որոնք կը հաւատան Յիսուս Քրիստոսի եւ Աստուծոյ խօսքով կ'ապրին՝ երկինք պիտի մտնեն: Միւս կողմէն, մարդիկ՝ որոնք նոյնիսկ աւետարանուելէ ետք չեն հաւատար, ինչպէս նաեւ անոնք՝ որոնք Աստուծոյ խօսքով չեն ապրիր, այլ ընդհակառակը մեղքի եւ չարութեան մէջ կ'ապրին, հակառակ որ անոնք կը դաւանին իրենց հաւատքը Տէրոջը մէջ՝ դժոխք պիտի երթան: Այդ է պատճառը թէ ինչու համար Աստուած մեծ նախանձախնդրութեամբ կը փափաքի որ կարելի եղածին չափ շուտ եւ արագ ձեւով աւետարանը քարոզուի համայն աշխարհին, որպէսզի նոյնիսկ մէկ հոգի մը եւս կարենայ փրկութիւն ստանալ:

Աստուծոյ Զօրութիւնը Կը Տարածուի Վերջին Օրերուն

Ճիշդ շիտակ պատճառը, որ Աստուած Մէնմին Կեդրոնական Եկեղեցին հաստատեց եւ Իր հրաշագործ զօրութիւնը կը յայտնաբերէ, կը գտնուի հոս: Իր զօրութեան յայտնաբերումներով, Ան կ'ուզէ ճշմարիտ Աստուած ըլլալու Իր գոյութեան ապացոյցը տալ, եւ մարդիկը լուսաբանել երկինքի ու դժոխքի իրականութեան մասին: Ինչպէս Յովհաննու 4.48-ի մէջ Յիսուս մեզի ըսաւ. «Եթէ նշաններ ու հրաշքներ չտեսնէք, բնաւ պիտի չհաւատաք», մանաւորապէս այնպիսի ժամանակի մը մէջ, ուր մեղքը եւ չարութիւնը կը զարգանան եւ գիտութիւնը կը յառաջանայ, զօրութեան գործը՝ որ կրնայ մարդուն խորհուրդը խորտակել, ալ աւելի եւս անհրաժեշտ է: Այդ է պատճառը որ վերջին օրերուն մէջ, Աստուած կը վարժեցնէ Մէնմինը եւ կ'օրհնէ զայն ա՛լ աւելի եւս աճող զօրութեամբ:

Աւելին, մարդկութեան մշակումը, որ Աստուած ծրագրած է, նաեւ կը հասնի իր աւարտին: Մինչեւ որ Աստուծոյ ընտրած ժամանակը հասնի, զօրութիւնը անհրաժեշտ միջոց մըն է, որ կրնայ փրկել այն բոլոր մարդիկը որոնք առիթ ունին փրկութիւն ստանալու: Միայն այդ զօրութեամբ է որ շատ աւելի մարդիկ կրնան փրկութեան առաջնորդուիլ, աւելի եւս արագութեամբ:

Յարատեւ հալածանքի եւ տառապանքի հետեւանքով, չափազանց դժուար է աւետարանը տարածել աշխարհի շուրջը գտնուող կարգ մը երկիրներու մէջ, եւ կան նոյնիսկ թիւով շատ աւելի մարդիկ, որոնք տակաւին նոյնիսկ չեն լսած աւետարանը: Աւելին, նոյնիսկ Տէրոջը մէջ իրենց հաւատքը դաւանողներուն միջեւ ճշմարիտ հաւատք ունեցողներուն թիւը այդքան ալ բարձր չէ՝ ինչ որ մարդիկ կը խորհին: Ղուկաս 18.8-ի մէջ Յիսուս մեզի կը հարցնէ. «Բայց Որդին մարդոյ երբ գայ, արդեօք հաւատք պիտի գտնէ՞ երկրի վրայ»: Շատ մարդիկ եկեղեցի կը յաճախեն, եւ սակայն աշխարհային մարդոցմէ առանց շատ տարբերելու, անոնք կը շարունակեն մեղքի մէջ ապրիլ:

Այսուհանդերձ, նոյնիսկ աշխարհի զանազան երկիրներու եւ շրջաններու մէջ, ուր Քրիստոնէութեան դէմ սաստիկ հալածանք կայ, անգամ մը որ մարդիկ Աստուծոյ զօրութեան գործին փորձառութիւնը կ'ունենան, այն ատեն հաւատքը, որ չվախնար մահուընէ, կը ծաղկի եւ անոր կը յաջորդէ աւետարանը տարածելու կրակը: Մարդիկ որոնք մեղքի մէջ կ'ապրէին՝ առանց ճշմարիտ հաւատքի, հիմա լիազօրութիւն կը ստանան Աստուծոյ խօսքով ապրելու, երբ անոնք առաջին անգամ ըլլալով ականատես կը դառնան կենդանի Աստուծոյն հզօր գործերուն:

Արտասահմանեան բազմաթիւ առաքելական պտոյտներու ընթացքին, ես գտնուած եմ երկիրներ՝ ուր օրինական ձեւով կ'արգիլեն աւետարանչութիւնը եւ աւետարնի քարոզչութիւնը ու կը հալածեն եկեղեցին: Ես վկայած եմ այսպիսի երկիրներու մէջ, ինչպէս՝ Փաքիստան եւ Արաբական Միացեալ Էմիրութիւններ, ուր երկու տեղերն ալ Իսլամութիւնը կը զարգանայ, ինչպէս նաեւ Հնդկաստանի գերակշռող Հինտու պետութեան մէջ, որ երբ Յիսուս Քրիստոսը կը դաւանուի եւ կը յայտնաբերուին ապացոյցներ, որով մարդիկ կրնան հաւատալ կենդանի Աստուծոյն, անհամար թիւով հոգիներ դարձի եկած եւ փրկութեան հասած են: Նոյնիսկ եթէ անոնք կուռքեր կը պաշտէին, անգամ մը որ Աստուծոյ զօրութեան գործին փորձառութիւնը կ'ունենան, մարդիկ կը սկսին ընդունիլ Յիսուս Քրիստոսը, առանց վախնալու օրինական բարդ հետեւանքներէ: Ասիկա յստակօրէն կը վկայէ Աստուծոյ զօրութեան մեծութեան աստիճանը:

Ինչպէս որ պարտիզպան մը հունձքի ժամանակ կը իր բերքը կը հնձէ, Աստուած այսպիսի հրաշալի զօրութիւն կը յայտնաբերէ, որպէսզի կարենայ հնձել բոլոր այն հոգիները՝

որոնք փրկութիւն պիտի ստանան վերջին օրերուն մէջ:

Վերջին Օրերու Նշանները Արձանագրուած՝ Աստուածաշունչին մէջ

Նոյնիսկ Աստուծոյ խօսքով, որ արձանագրուած է Սուրբ Գիրքին մէջ, մենք կրնանք ըսել թէ ժամանակը, որուն մէջ մենք կ'ապրինք, մօտեցած է իր վերջաւորութեան: Հակառակ որ Աստուած մեզի չէ ըսած ժամանակաշրջանի վախճանին ճշգրիտ թուականը եւ ժամը, այսուհանդերձ Անիկա մեզի տուած է բանալի ուղեցոյցներ, որով մենք կրնանք կռահել վերջին օրերը: Ինչպէս որ մենք կրնանք կանխագուշակել թէ անձրեւը մօտալուտ է՝ երբ ամպերը կը սկսին քով-քովի հաւաքուիլ, նոյնպէս, այն միջոցաւ որ մարդկային պատմութեան ծալքը կը շարունակուի քակուիլ, Աստուածաշունչին մէջ յիշուած նշանները մեզի թոյլ կու տան որ մենք կարենանք կանխագուշակել վերջին օրերը:

Օրինակի համար, Ղուկաս 21-ի մէջ մենք կը գտնենք, որ կ'ըսէ. «Բայց երբ լսէք պատերազմներ եւ խռովութիւններ, մի՛ վախնաք, վասն զի պէտք է առաջ այդ բաները ըլլան, բայց վախճանը իսկոյն չէ» (9-րդ համար), «եւ տեղ տեղ մեծ երկրաշարժներ պիտի ըլլան ու սովեր եւ մահտարաժամներ, նաեւ երկնքէն սոսկալի բաներ եւ մեծ նշաններ պիտի ըլլան (11-րդ համար):

Բ. Տիմոթէոս 3-րդ գլխուն 1-5 համարներուն մէջ կը

կարդանք հետեւեալը.

Գիտցիր թէ վերջին օրերը չար ժամանակներ պիտի գան. վասն զի մարդիկ պիտի ըլլան անձնասէր, արծաթասէր, ամբարտաւան, հպարտ, հայհոյիչ, ծնողներու անհնազանդ, ապերախտ, անսուրբ, անգութ, անհաշտ, բանսարկու, անժուժկալ, դաժանաբարոյ, բարին չսիրող, մատնիչ, յանդուգն, գոռոզ, աւելի հեշտասէր քան թէ աստուածասէր. որոնք աստուածպաշտութեան կերպարանքը ունին, բայց անոր զօրութիւնը ուրացած են եւ դուն անոնցմէ մէկդի՛ կեցիր:

Այսօր բազմաթիւ աղէտներ, դժբախտութիւններ, եւ նշաններ կը պատահին աշխարհի չորս կողմը, եւ մարդոց սիրտն ու խորհուրդները աւելի եւս կը չարանան: Ամէն շաբաթ, ես կը ստանամ կտրուած յօդուածներ, լուրեր ու պատմութիւններ՝ դէպքերու եւ արկածներու մասին, եւ իւրաքանչիւր յօդուածի ծաւալը օրէ օր հաստատ կերպով կ'աւելնայ: Այս կը նշանակէ թէ կան բազմաթիւ աղէտներ, թշուառութիւններ, եւ չարագործութիւններ, որոնք տեղի կ'ունենան ամբողջ աշխարհի վրայ:

Այսուհանդերձ, մարդիկ այլեւս այդքան զգայուն չեն այս դէպքերուն եւ արկածներուն նկատմամբ, ինչպէս ատեն մը կ'ըլլային: Որովհետեւ անոնք կանոնաւոր կերպով կը հանդիպին չափազանց շատ պատմութիւններու՝ այսպիսի դէպքերու եւ արկածներու մասին, անոր համար մարդիկ ախտազերծ դարձած են անոնց նկատմամբ: Ժողովուրդին մեծ մասը այլեւս լրջութեամբ չեն առներ այսպիսի վայրագութիւններէն եւ թշուառութիւններէն յառաջ եկած գազանային ոճիրները, մեծ պատերազմները, բնական աղէտները եւ արկածները: Նախապէս այս դէպքերը կը լեցնէին հանրային հաղորդամիջոցներու վերնագիրները: Ամէն պարագայի, բացի եթէ այդ դէպքերը խորապէս կը զգացուին կամ կը պատահին իրենց ճանչցած անձերուն, մեծ մասամբ, մարդոց համար այսպիսի դէպքեր այդքան ալ նշանակալից չեն այլեւս եւ շուտով կը մոռցուին:

Այն եղանակին միջոցաւ, որով պատմութիւնը ինքզինք կը քակէ, մարդիկ՝ որոնք արթուն են եւ յստակ հաղորդակցութիւն ունին Աստուծոյ հետ, մէկ ձայնով կը վկայեն թէ Տէրոջը Գալուստը շատ մօտ է:

Մարգարէութիւններ՝ Վերջին Օրերու մասին եւ Աստուծոյ Նախասահմանութիւնը Մէնմին Կեդրոնական Եկեղեցիին համար

Աստուծոյ տուած մարգարարէութիւններուն միջոցաւ, որոնք յայտնաբերուած են Մէնմին եկեղեցիին, մենք կրնան ըսել թէ իսկապէս վերջին օրերն են: Մէնմինի հիմնադրութենէնին մինչեւ այս օրս, Աստուած կանխագուշակած է նախագահական եւ խորհրդարանական ընտրութիւններու արդիւնքները, կարեւոր եւ յայտնի դէմքերու մահը թէ՛ Քորէայի մէջ եւ թէ՛ դուրսը, եւ շատ ուրիշ դէպքեր, որոնք ձեւակերպած են աշխարհի պատմութիւնը:

Շատ պարագաներու մէջ, կարճ գրութիւններով, ես երեւան հանած եմ այսպիսի տեղեկութիւններ՝ եկեղեցական շաբաթական տեղեկագիրներու վրայ: Եթէ բովանդակութիւնը չափազանց զգայուն ըլլար, ես զանոնք կը յայտնէի միայն քանի մը անհատներու: Արդի տարիներուն, ես ատեն-ատեն բեմէն հռչակած եմ յայտնութիւններ՝ Հիւսիսային Քորէայի, Միացեալ Նահանգներու, եւ համաշխարհային դէպքերու մասին:

Մարգարէութիւններուն մեծ մասը իրականացած են ճիշդ ինչպէս որ կանխագուշակուած էին, եւ ուրիշ մարգարէութիւններ, որոնք տակաւին պիտի իրականանան, կը վերաբերին այն դէպքերուն՝ որոնք կամ արդէն կը կատարուին եւ կամ ալ տակաւին պիտի կատարուին: Բացայայտ իրողութիւն մըն է, որ մարգարէութիւններուն մեծ մասը կը հետաքրքրեն այն դէպքերը՝ որոնք կը վերաբերին վերջին օրերուն: Որովհետեւ այդ մարգարէութիւններուն միջեւ կայ նաեւ Աստուծոյ նախասահմանութիւնը՝ Մէնմին Կեդրոնական Եկեղեցիին նկատմամբ, մենք պիտի քննենք անոնցմէ քանի մը հատը:

Առաջին մարգարէութիւնը կը վերաբերի Հիւսիսային եւ Հարաւային Քորէայի միջեւ եղող յարաբերութիւններուն:

Իր հիմնադրութենէն իվեր, Աստուած մեծ թիւով եւ ազդեցիկ յայտնութիւններ ըրած է Մէնմինի՝ Հիւսիսային Քորէայի մասին: Պատճառը այն է՝ որովհետեւ մենք կոչում ունինք աւետարանելու Հիւսիսային Քորէային՝ վերջին օրերուն մէջ: 1983-ին, Աստուած մեզի կանխագուշակեց գագաթնաժողովի մը մասին՝ Հիւսիսային եւ Հարաւային Քորէայի առաջնորդներուն միջեւ, նաեւ ըսաւ այդ ժողովին արդիւնքին մասին: Գագաթնաժողովէն անմիջապէս ետք, Հիւսիսային Քորէան ժամանակաւոր կերպով իր դռները պիտի բանար աշխարհին, բայց յետոյ, շատ չանցած, դարձեալ պիտի գոցէր զանոնք: Աստուած մեզի ըսած է թէ երբ Հիւսիսային Քորէան ազատ արձակուի, սրբութեան աւետարանը եւ Աստուծոյ զօրութիւնը պիտի մտնէ երկիրը եւ անոր պիտի յաջորդէ աւետարանչութիւնը: Աստուած մեզի ըսաւ որ յիշենք թէ Տէրոջը Գալուստը շատ մօտալուտ պիտի ըլլայ այն ատեն՝ երբ Հիւսիսային եւ Հարաւային Քորէան որոշ ձեւով արտայայտեն ինքզինքին: Որովհետեւ Աստուած ինծի ըսած է որ գաղտնի պահեմ այն եղանակը՝ որով երկու Քորէաները ինքզինքնին «որոշ ձեւով պիտի արտայայտեն», անոր համար ես տակաւին չեմ կրնար հռչակել այդ տեղեկութիւնը:

Ինչպէս որ մեծ մասամբ դուք տեղեակ էք, 2000 թուին գագաթնաժողով մը տեղի ունեցաւ երկու Քորէաներուն միջեւ: Դուք հաւանաբար կը զգաք որ Հիւսիսային Քորէան, տեղի տալով միջազգային ճնշումին, շատ ժամանակ չանցած, պիտի բանայ իր դռները:

Երկրորդ մարգարէութիւնը կը վերաբերի համաշխարհային առաքելութեան կոչումին:

Աստուած ՄԷՆմինի համար պատրաստած էր կարգ մը արտասահմանեան արշաւներ, որոնց ընթացքին տասնեակ հազարաւորներ, հարիւր հազարաւորներ, եւ միլիոնաւոր ժողովուրդներ հաւաքուած են, եւ Աստուած մեզ օրհնած է որ մենք շուտով աւետարանենք աշխարհը Իր հրաշագործ զօրութեամբ: Այդ արշաւներուն մէջ կը ներառուին Սուրբ Աւետարանի Արշաւը՝ Ուկանտայի մէջ, որուն մասին լուրը միջազգայնօրէն հեռասփռուեցաւ Քէյպըլ Նիուզ Նէթուըրքի վրայ (CNN). Բժշկութեան Արշաւը՝ Փաքիստանի մէջ, որ ցնցեց Իսլամական աշխարհը եւ միսիոնարական գործի դուռը բացաւ Միջին Արեւելքի մէջ. Սուրբ Աւետարանի Արշաւը՝ ՔԷնիայի մէջ, որուն ընթացքին բժշկուեցան շատ ու շատ բազմաթիւ հիւանդութիւններ, ներառեալ՝ Դիմադրողականութեան Անկման Վարակներ (AIDS). Բժշկութեան Միացեալ Արշաւը՝ Ֆիլիփփինի մէջ, որուն ընթացքին Աստուծոյ զօրութիւնը պայթուցիկ կերպով յայտնաբերուեցաւ. Բժշկութեան Հրաշքի Արշաւը՝ Հոնտուրասի մէջ, որը յառաջ բերաւ Սուրբ Հոգիին ոլորամրրիկը. եւ Բժշկութեան Հրաշքի Աղօթքի Փառատօնը՝ Հնդկաստանի մէջ, որ աշխարհի ամենամեծ Հինտու երկիրն է, որուն ժամանակ երեք միլիոնէ աւելի ժողովուրդ հաւաքուեցան՝ չորս օրուայ արշաւի ընթացքին: Այս բոլոր արշաւները ծառայած են որպէս ոտնաքար, որմէ ետք ՄԷՆմինը կրնայ մտնել Իսրայէլ՝ իրեն համար որոշուած վերջին վայրը:

Մարդկութիւնը մշակելու Իր հոյակապ մեծ ծրագրին տակ, Աստուած ստեղծեց Ադամն ու Եւան, եւ երկրի վրայ կեանքը սկսելէ ետք, մարդկութիւնը բազմապատկուեցաւ: Շատ ժողովուրդներու միջեւ, Աստուած ընտրեց մէկ ազգ մը՝ Իսրայէլը, այսինքն՝ Յակոբի սերունդը: Իսրայէլացիներու պատմութեան ընդմէջէն, մարդկային մշակումին համար Աստուած ուզեց Իր փառքը եւ Իր նախասահմանութիւնը յայտնաբերել ոչ միայն Իսրայէլի, այլ նաեւ աշխարհի բոլոր ժողովուրդներուն: Հետեւաբար, Իսրայէլի ժողովուրդը կը ծառայէ որպէս օրինակ՝ մարդկային մշակումին, եւ Իսրայէլի պատմութիւնը՝ զոր Աստուած Ի՛նքը կը կառավարէ, ոչ միայն մէկ ազգի մը պատմութիւնն է, այլ նաեւ Աստուծոյ պատգամը՝ բոլոր ժողովուրդներուն համար: Աւելին, ամբողջացնելէ առաջ մարդկային մշակումը, որ սկսաւ Ադամէն, Աստուծոյ կամքը այն է՝ որ աւետարանը վերադառնայ Իսրայէլին, որմէ ծագում առած էր: Ամէն պարագայի, չափազանց դժուար է Քրիստոնէական հաւաք կատարել եւ աւետարանը տարածել Իսրայէլի մէջ: Իսրայէլի համար անհրաժեշտ է յայտնաբերել Աստուծոյ զօրութիւնը՝ որ կրնայ երկինքն ու երկիրը ցնցել. եւ Աստուծոյ նախասահմանութեան այս բաժինը Մէնմինի համար նշանակուած կոչումն է՝ վերջին օրերուն մէջ:

Յիսուս Քրիստոսի միջոցաւ, Աստուած կատարելագործեց մարդկային փրկութեան նախասահմանութիւնը, եւ թոյլ տուաւ որեւէ մէկուն, որ կ'ընդունի Յիսուսը որպէս Իր Փրկիչը, յաւիտենական կեանք ստանալ: Ամէն պարագայի, Աստուծոյ ընտրեալ ժողովուրդ՝ Իսրայէլը չճանչցաւ Յիսուսը որպէս Մեսիան: Աւելին, նոյնիսկ մինչեւ այն վայրկեանը, երբ Իր զաւակները օդին մէջ վեր պիտի վերցուին, Իսրայէլի ժողովուրդը պիտի չկրնայ հասկնալ փրկութեան նախասահմանութիւնը՝ Յիսուս Քրիստոսի միջոցաւ:

Վերջին օրերուն մէջ, Աստուած կ'ուզէ որ Իսրայէլի ժողովուրդը ապաշխարէ եւ ընդունի Յիսուսը որպէս իրենց Փրկիչը, որպէսզի իրենք հասնին փրկութեան: Այդ է պատճառը թէ ինչու համար Աստուած արտօնած է որ սրբութեան աւետարանը մտնէ եւ տարածուի Իսրայէլի մէջ ծայրէ ծայր, վեհ ու բարձր կոչումի մը միջոցաւ, զոր Աստուած տուած է Մէնմինի: Հիմա որ Միջին Արեւելքի միսիոնարական գործին համար ճակատագրական ոտնաքար մը հաստատուած է 2003 թուի Ապրիլին, Աստուծոյ կամքին համաձայն, Մէնմինը յատուկ պատրաստութիւններ պիտի տեսնէ Իսրայէլի համար, եւ պիտի կատարելագործէ Աստուծոյ նախասահմանութիւնը:

Երրորդ մարգարէութիւնը կը վերաբերի Մեծ Սրբարանի շինութեան:

Մէնմինի հիմնադրութենէն անմիջապէս ետք, մինչ Աստուած Իր նախասահմանութիւնը յայտնաբերեց վերջին օրերուն համար, Անիկա մեզի կոչում մը տուաւ՝ Մեծ Սրբարանի շինութեան համար, որ Աստուծոյ փառքը պիտի յայտնաբերէ աշխարհի բոլոր ժողովուրդներուն:

Հին Կտակարանի ժամանակներուն, կարելի էր փրկութիւն ստանալ գործերով: Նոյնիսկ եթէ մէկու մը սրտին մէջէն մեղքը դուրս չէր նետուած, այնքան ատեն որ այդ մեղքը դուրսէ դուրս չէր գործուէր՝ որեւէ մէկը կրնար փրկուիլ: Հին Կտակարանի ժամանակներու Տաճարը այնպիսի տաճար մըն էր, ուր մարդիկ միայն իրենց արարքներով կը պաշտէին զԱստուած, ճիշդ ինչպէս որ օրէնքը կը պատուիրէր:

Ամէն պարագայի, Նոր Կտակարանի ժամանակներուն, Յիսուս եկաւ եւ օրէնքը ամբողջացուց սիրոյ մէջ, եւ մենք փրկութիւն կը ստանանք Յիսուս Քրիստոսի մէջ մեր հաւատքին միջոցաւ: Տաճարը՝ զոր Աստուած կը փափաքի Նոր Կտակարանի ժամանակներուն, պիտի շինուի ոչ միայն արարքներով, այլ նաեւ սրտով: Այս տաճարը պիտի շինուի Աստուծոյ ճշմարիտ զաւակներուն կողմէ, որոնք ձերբազատուած են մեղքէ, մաքրագործուած՝ սրտով եւ Աստուծոյ հանդէպ իրենց սիրով: Այդ է պատճառը թէ ինչու Աստուած արտօնեց որ Հին Կտակարանի ժամանակներու Տաճարը քանդուի, եւ կամեցաւ որ նոր տաճար մը շինուի, ճշմարիտ հոգեւոր իմաստով:

Ուրեմն, այն մարդիկը որոնք Մեծ Սրբարանը պիտի շինեն, պէտք է յարմար անձեր նկատուին Աստուծոյ տեսանկիւնէն: Անոնք պէտք է ըլլան Աստուծոյ այնպիսի զաւակներ՝ որոնք թլփատած են իրենց սրտերը, սուրբ եւ մաքուր սրտով ու լեցուն՝ հաւատքով, յոյսով, եւ սիրով: Երբ Աստուած տեսնէ որ Մեծ Սրբարանը կը շինուի Իր սրբագործուած զաւակներուն կողմէ, Ան պիտի սփոփուի ոչ թէ շինութեան երեւոյթով միայն, այլ Մեծ Սրբարանին

«Թող որ Մեծ Սրբարանը
իրագործուի...»:

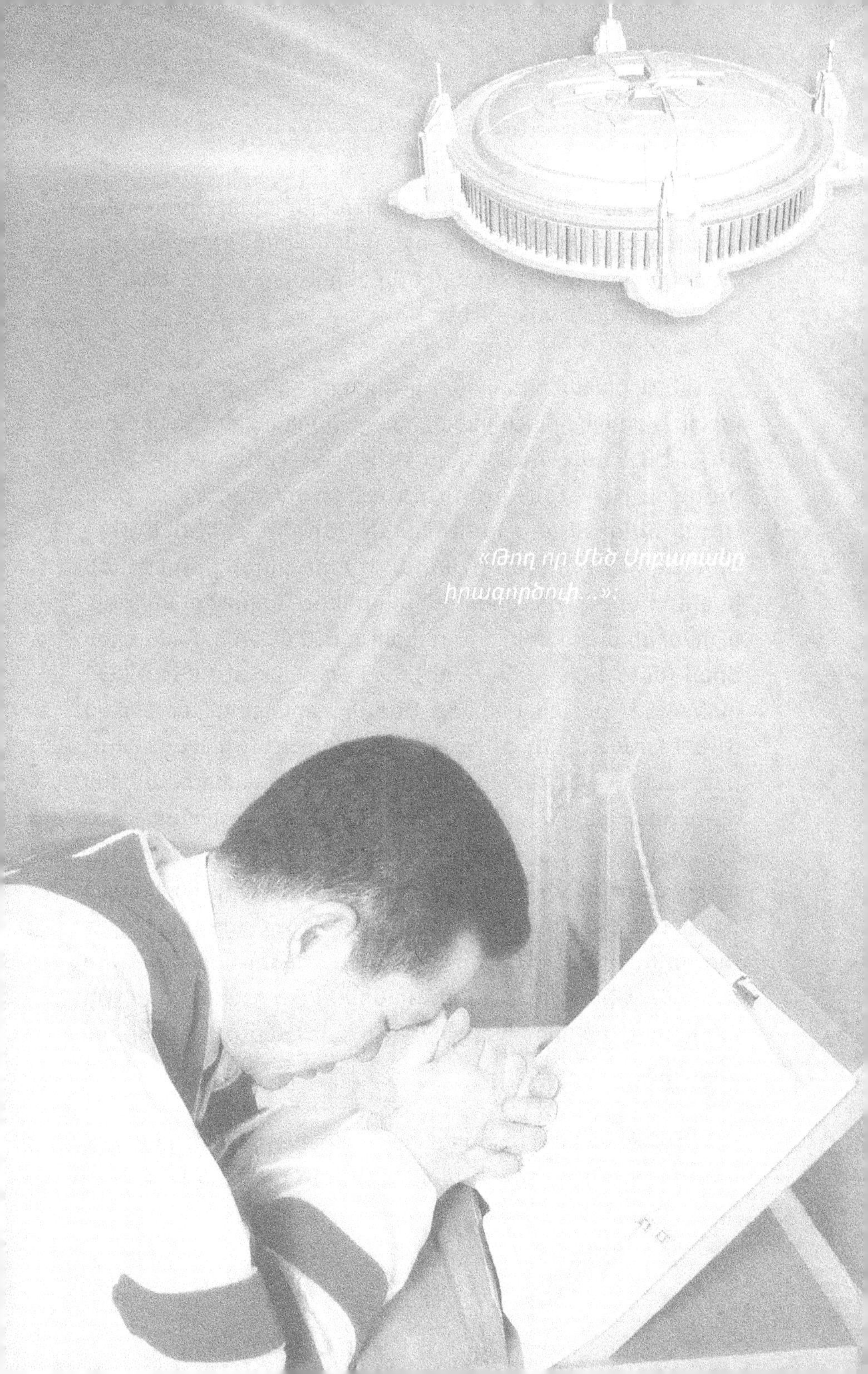

միջոցաւ Ան պիտի մտաբերէ ընթացքը՝ որով Սրբարանը պիտի շինուէր, եւ պիտի յիշէ ամէն մէկը՝ Իր ճշմարիտ զաւակներէն, որոնք Իր արցունքներուն, զոհողութեան, եւ համբերութեան պտուղն են:

Մեծ Սրբարանը խորունկ նշանակութիւն կը կրէ: Անիկա պիտի ծառայէ որպէս յուշարձանը՝ մարդկային մշակումին, ինչպէս նաեւ որպէս խորհրդանշան՝ Աստուծոյ հանգստութեան, բարի բերքերը հնձելէ ետք: Մեծ Սրբարանը պիտի կառուցուի վերջին օրերուն մէջ, որովհետեւ անիկա յիշատակի հոյակապ շինութեան ծրագիր մըն է, որ պիտի յայտնաբերէ Աստուծոյ փառքը՝ աշխարհի բոլոր ժողովուրդներուն: 600 մեթր տրամագիծի վրայ (մօտ 1970 ոտնաչափ), եւ եօթանասուն մեթր (230 ոտնաչափ) բարձրութեամբ, Մեծ Սրբարանը հսկայ կառոյց մըն է, որ պիտի շինուի ամէն տեսակի գեղեցիկ, հազուագիւտ, եւ թանկագին նիւթերով, եւ կառուցուածքին ու զարդարանքին իւրաքանչիւր կտորին մէջ տեղաւորուած է Նոր Երուսաղէմի փառքը, վեց օրուայ ստեղծագործութիւնը, եւ Աստուծոյ զօրութիւնը: Պարզապէս միայն Մեծ Սրբարանին նայիլը ինքնին բաւարար պիտի ըլլայ ստիպելու մարդիկը որ զգան Աստուծոյ արքայական իշխանութիւնը եւ փառքը: Նոյնիսկ անհաւատներ պիտի սքանչանան անոր երեւոյթով եւ պիտի դաւանին Աստուծոյ փառքը:

Վերջապէս, Մեծ Սրբարանին շինութիւնը մեծ տապան մը պատրաստելն է, որուն մէջ անհամար թիւով հոգիներ փրկութիւն պիտի ստանան: Վերջին օրերուն մէջ, երբ մեղքը եւ չարութիւնը կը շատնան, ինչպէս որ էր պարագան Նոյի ժամանակներուն, Աստուծոյ զաւակներուն միջոցաւ առաջնորդուող մարդիկ կրնան փրկութիւն ստանալ, որոնց Աստուած յարմար կը սեպէ մտնելու Մեծ Սրբարանը եւ յառաջ գալու որ Իրեն հաւատան: Երթալով աւելի շատ մարդիկ պիտի լսեն Աստուծոյ փառքին ու զօրութեան լուրը, եւ անոնք պիտի գան ու իրենց աչքերովը պիտի տեսնեն: Երբ անոնք գան, Աստուծոյ անթիւ ապացոյցները պիտի ներկայացուին: Նաեւ, անոնք պիտի իմանան ու պիտի սորվին հոգեւոր աշխարհի գաղտնիքները եւ պիտի լուսաբանուին Աստուծոյ կամքին մասին, որ կը փնտռէ հնձել ճշմարիտ զաւակներ՝ Իր իսկ պատկերին նմանող:

Մեծ Սրբարանը պիտի ծառայէ որպէս կորիզը՝ աւետարանի համաշխարհային տարածման վերջին փուլին, նախքան մեր Տէրոջը Գալուստը: Աւելին, Աստուած Մէնմինի ըսած է թէ երբ Մեծ Սրբարանի շինութիւնը սկսելու ժամանակը գայ, Ան պիտի մղէ թագաւորներ եւ հարստութեան ու զօրութեան տէր մարդիկ՝ որպէսզի օգնեն անոր շինութեան:

Մէնմինի հիմնադրութենէն իվեր, Աստուած մեզի կը յայտնաբերէ մարգարէութիւններ՝ վերջին օրերու մասին, ինչպէս նաեւ Իր նախասահմանութիւնը՝ Մէնմին Կեդրոնական Եկեղեցիին համար: Նոյնիսկ մինչեւ այս օրս, Աստուած տակաւին կը շարունակէ յայտնաբերել աստիճանաբար աւելցող զօրութիւնը եւ կ'իրականացնէ Իր խօսքը: Մեր եկեղեցւոյ պատմութեան մէջ ամբողջութեամբ, Աստուած Ի՛նքը առաջնորդած է Մենմինը, որպէսզի իրագործէ Իր նախասահմանութիւնը: Աւելին, մինչեւ այն վայրկեանը երբ Տէրը կը վերադառնայ, Աստուած պիտի առաջնորդէ մեզ ի գործ դնելու այն բոլոր աշխատանքները՝ զոր Ինք մեզի համար նշանակած է, նաեւ Տէրոջը փառքը յայտնաբերելու՝ աշխարհի չորս կողմը:

Յովհաննու 14.11-ի մէջ, Յիսուս մեզի կ'ըսէ. «Հաւատացէ՛ք Ինծի, թէ Ես Հօրը մէջն եմ ու Հայրը Իմ մէջս է. ապա թէ ոչ՝ գոնէ գործերուն համար Ինծի հաւատացէք»: Բ. Օրինաց 18.22-ի մէջ մենք կը գտնենք որ կ'ըսէ. «Եթէ մարգարէ մը Տէրոջը անունովը բան մը ըսէ ու երբ այն բանը իրօք չկատարուի, ըսել է Տէրոջը խօսքը չէր, այլ մարգարէն յանդգնութեամբ ըսեր է: Անկէ մի՛ վախնար»: Ես կը յուսամ որ դուն պիտի հասկնաս Աստուծոյ նախասահմանութիւնը եւ զօրութիւնը, այն մարգարէութիւններուն միջոցաւ՝ որոնք յայտարարուած եւ յայտնուած են Մենմին Կեդրոնական եկեղեցիին:

Վերջին օրերուն մէջ Իր նախասահմանութիւնը իրագործելով Մենմին Կեդրոնական եկեղեցւոյ միջոցաւ, Աստուած մեկ գիշերուան մէջ չէ որ արթնութիւն եւ զօրութիւն տուաւ այս եկեղեցիին: Աստուած աւելի քան քսան տարիներ շարունակ մարզած է մեզ՝ ինչպէս բարձր ու սեպ լեռ մը մագլցիլը, եւ բարձր ալիքներու մէջէն մրրկալից ծովուն մէջ նաւարկելը: Ան մեզ կրկնակիօրէն առաջնորդած է փորձութիւններու ընդմէջէն, եւ շնորհիւ այն մարդոց որոնք անցած են այդ փորձութիւններէն, Աստուած պատրաստած է անօթ մը՝ որ կրնայ յաջողցնել համաշխարհային առաքելութիւնը:

Ասիկա նաեւ կը կիրարուի ձեզմէ իւրաքանչիւրին վրայ: Հաւատքը՝ որով մենք կրնանք մտնել Նոր Երուսաղէմ, մէկ գիշերուան մէջ չէ որ կը զարգանայ կամ կ'աճի. դուն պէտք է միշտ արթուն եւ պատրաստ ըլլաս այն օրուան՝ երբ մեր Տէրը պիտի վերադառնայ: Ամէն բանէ աւելի, քանդէ՛ մեղքի բոլոր պատերը, եւ անփոփոխ ու բուռն հաւատքով, վազէ՛ դէպի երկինք: Երբ դուն յառաջ կ'երթաս այս տեսակի անփոփոխ վճռակամութեամբ, Աստուած անկասկածօրէն պիտի օրհնէ քեզ՝ որպէսզի ամէն բան լաւ ընթանայ քու հետդ, եւ քեզի պիտի տայ քու սրտիդ փափաքները: Աւելին, Աստուած քեզի պիտի տայ հոգեւոր կարողութիւն եւ իշխանութիւն, որոնց միջոցաւ կարելի պիտի ըլլայ որ դուն գործածուիս վերջին օրերուն մէջ՝ որպէս Իր թանկագին անօթը՝ Իր նախասահմանութեան համար:

Թող ձեզմէ իւրաքանչիւրը ամուր բռնէ իր ջերմեռանդ հաւատքը, մինչեւ որ Տէրը վերադառնայ եւ դարձեալ հանդիպինք՝ յաւիտենական երկինքին ու Նոր Երուսաղէմ Քաղաքին մէջ. մեր Տէրոջը՝ Յիսուս Քրիստոսի անունով ես կ'աղօթեմ...

Հեղինակը՝ Դոկտ. Ճէյրոք Լի

Ծնած է Մուանի մէջ, Ճէօննամ Նահանգ, Քորէայի Հանրապետութիւն, 1943-ին: Իր քսանական տարիքներուն, Արժ. Դոկտ. Ճէյրոք Լի եօթը տարի շարունակ տառապած է զանազան տեսակի անբուժելի հիւանդութիւններէ, եւ սպասած է մահուան՝ առանց ապաքինման որեւէ յոյս ունենալու: Սակայն օր մը, 1974-ի գարնան, իր քրոջ կողմէ կ'առաջնորդուի եկեղեցի մը, եւ երբ ծունկի կու գայ աղօթելու համար, Կենդանի Աստուած անմիջապէս կը բժշկէ զինք իր բոլոր հիւանդութիւններէն:

Այն վայրկեանէն որ Արժ. Դոկտ. Ճէյրոք Լի այդ սքանչելի փորձառութեամբ հանդիպեցաւ կենդանի Աստուծոյն, ան իր ամբողջ սրտով եւ անկեղծութեամբ սիրեց զԱստուած, եւ 1978-ին կանչուեցաւ ըլլալու Աստուծոյ ծառայ մը: Դոկտ. Լի ջերմեռանդութեամբ աղօթեց որպէսզի կարենար յստակօրէն հասկնալ Աստուծոյ կամքը, ամբողջութեամբ իրագործէր զայն, եւ հնազանդէր Աստուծոյ բոլոր խօսքերուն: 1982-ին, Դոկտ. Լի հիմնեց Մենմին Կեդրոնական եկեղեցին՝ Սէուլի մէջ, Քորէա, եւ անհամար թիւով Աստուածային գործեր, ներառեալ հրաշագործ բժշկութիւններ եւ սքանչելիքներ, տեղի ունեցած են իր եկեղեցիին մէջ:

1986-ին, Արժ. Դոկտ. Ճէյրոք Լի օծուեցաւ որպէս հովիւ՝ Քորէայի Սանկքյուլ Եկեղեցւոյ Յիսուսի Տարեկան Համաքոյթին ընթացքին, եւ չորս տարիներ ետք, 1990-ին, իր պատգամները սկսան հեռասփռուիլ դէպի Աւստրալիա, Ռուսիա, Ֆիլիփփին, եւ շատ ուրիշ երկիրներ՝ Ծայրագոյն Արեւելքի Հեռուստակայանի Ընկերութեան, Ասիոյ Հեռուստակայանի, եւ Ուաշինկթընի Քրիստոնէական Ձայնասփիւռի Կայանին միջոցաւ:

Երեք տարիներ ետք, 1993-ին, Մենմին Կեդրոնական եկեղեցին ընտրուեցաւ որպէս «Աշխարհի 50 Լաւագոյն եկեղեցիներէն մէկը» Քրիստոնեայ Աշխարհ կոչուած պարբերաթերթին կողմէ (ԱՄՆ), եւ Արժ. Ճէյրոք Լի ստացաւ Աստուածաբանութեան Պատուոյ Դոկտորի տիտղոս՝ Քրիստոնէական Հաւատքի Գոլէճէն, Ֆլորիտա, ԱՄՆ, իսկ 1996-ին ան ստացաւ Դոկտորի տիտղոս՝ Հոգեւոր Ծառայութեան մէջ, Քինկսուէյ Աստուածաբանական Դպրեվանքէն, Այօուա, ԱՄՆ:

1993-էն սկսեալ, Արժ. Դոկտ. Լի առաջնորդ դեր կատարած է համաշխարհային առաքելութեան մէջ, արտասահմանեան բազմաթիւ հոգեւոր արշաւներու միջոցաւ՝ Թանզանիայի, Արժանթինի, Լոս Անճելըսի, Պալթիմուր Քաղաքի, Հաւայայի, Նիւ Եորք Քաղաքի (Ամերիկայի Միացեալ Նահանգներ), Ուկանտայի, Ճաբոնի, Փաքիստանի, Քէնիայի, Ֆիլիփփինի, Հոնտուրասի, Հնդկաստանի, Ռուսիոյ, Գերմանիոյ, Բերուի, Գոնկոյի

Դեմոկրատական Հանրապետութեան, եւ Իսրայէլի մէջ: 2002 թուականին Դոկտ. Ճէյրոք Լի կոչուեցաւ «համաշխարհային հովիւ»՝ Քորէայի Քրիստոնէական յայտնի օրաթերթերուն կողմէ, արտասահմանեան զանազան Հսկայական Միացեալ Արշաւներու մէջ իր կատարած գործին համար:

Սեպտեմբեր 2010-էն իվեր, ՄԷնմին Կեդրոնական Եկեղեցին ունի թիւով աւելի քան 100.000 անդամներ կամ հաւատացեալներու խումբ, 9000 տեղական եւ արտասահմանեան մասնաճիւղ եկեղեցիներ՝ բովանդակ երկրագունդի վրայ ծայրէ ծայր, եւ մինչեւ այսօրս աւելի քան 132 միսիոնարներ յանձնառարուած են 23 երկիրներու մէջ, ներառեալ՝ Միացեալ Նահանգներ, Ռուսիա, Գերմանիա, Գանատա, Ճաբոն, Չինաստան, Ֆրանսա, Հնդկաստան, ՔԷնիա, եւ շատ ուրիշ երկիրներ:

Այս գրքին հրատարակման թուականէն իվեր, Արժ. Դոկտ. Լի գրած է 60 գիրքեր, ներառեալ իր շատ ծախուած գիրքերէն՝ Համտեսել Յաւիտենական Կեանքը Մահուընէ Առաջ, Իմ Կեանքս Իմ Հաւատքս 1 եւ 2, Խաչին Պատգամը, Հաւատքի Չափը, Երկինք 1 եւ 2, Դժոխք, եւ Աստուծոյ Զօրութիւնը: Դոկտ. Ճէյրոք Լիի գործերը թարգմանուած են աւելի քան 44 լեզուներու:

Իր Քրիստոնէական սիւնակները կ'երեւնան ՀԷնքուք Իլպօյի, Ճունկ-Անկ Տէյլիի, Տօնկ-Ա Իլպօյի, Մունհուա Իլպօյի, Սէուլ Շինմանի, Քյունկհյանկ Շինմանի, ՀԷնքյօրէհ Շինմանի, Քորէա էքոնոմիք Տէյլիի, Քորէա Հերըլտի, Շիսա Նիյուզի, եւ Քրիսչըն Փրէս օրաթերթերուն մէջ:

Արժ. Դոկտ. Լի ներկայիս առաջնորդն է բազմաթիւ միսիոնարական հաստատութիւններու եւ ընկերակցութիւններու, ներառեալ Ատենապետ՝ Յիսուս Քրիստոսի Միացեալ Սրբութիւն Եկեղեցւոյ. Նախագահ՝ ՄԷնմին Համաշխարհային Առաքելութեան, Տեւական Նախագահ՝ Համաշխարհային Քրիստոնէական Արթնութեան Առաքելական Ընկերակցութեան, Հիմնադիր՝ ՄԷնմին Պատկերասփիւռին (Manmin TV), Հինադիր եւ Յանձնախումբի Ատենապետ՝ Քրիստոնէական Համաշխարհային Համացանցին (GCN). Հինադիր եւ Յանձնախումբի Ատենապետ՝ Քրիստոնեայ Բժիշկներու Համաշխարհային Համացանցին (WCDN). ինչպէս նաեւ Հինադիր եւ Յանձնախումբի Ատենապետ՝ ՄԷնմին Միջազգային Դպրեվանքին (MIS).

Ուրիշ ազդեցիկ գիրքեր՝ նոյն հեղինակին կողմէ

Երկինք 1 եւ 2

Մանրամասն ուրուագիծ մը կեանքի հոյակապ միջավայրին մէջ ուր երկնային քաղաքացիները կը վայելեն, եւ գեղեցիկ նկարագրութիւն մը երկնային թագաւորութիւններու տարբեր մակարդակներու մասին:

Իմ Կեանքս, Իմ Հաւատքս 1 եւ 2

Ամենէն անուշահոտ բոյրը՝ քաղուած կեանքէ մը՝ որ ծաղկեցաւ Աստուծոյ հանդէպ ունեցած իր սիրոյ անմրցելի հոգիէն, անցնելով մութ ալիքներու ընդմէջէն, ցուրտ լուծէն, եւ ամենախորունկ յուսահատութենէն:

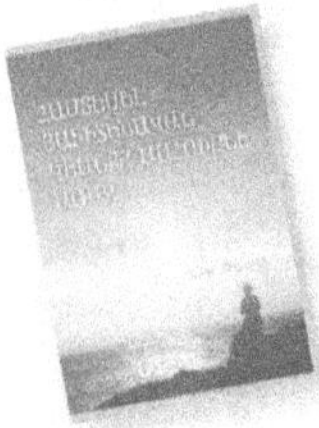

Համտեսել Յաւիտենական Կեանքը՝ Մահուընէ Առաջ

Դոկտ. Ճէյրոք Լիի վկայութիւններու յուշերը: Դոկտ. Լի վերստին ծնունդ ունեցաւ եւ փրկուեցաւ մահուան շուքի հովիտէն, եւ մինչեւ հիմա օրինակելի ու կատարեալ Քրիստոնէական կեանք մը կ'ապրի:

Հաւատքի Չափը

Ի՞նչ տեսակի բնակավայր մը, թափնեպսակ եւ վարձատրութիւններ պատրաստուած են քեզի համար երկինքի մէջ: Այս գիրքը իմաստութիւն եւ առաջնորդութիւն կու տայ քեզի, որպէսզի կարենաս քու հաւատքդ չափել եւ մշակել լաւագոյն ու ամենէն հասուն հաւատքը:

Դժոխք

Ջերմեռանդ պատգամ մը բոլոր մարդկութեան՝ ուղղուած Աստուծոյ կողմէ, որ կը փափաքի որ նոյնիսկ մէկ հոգի չիյնայ Դժոխքի խորերը... Դուն երեւան պիտի հանես նախապէս բնաւ չյայտնաբերուած հաշուեցոյցը՝ Աւելի Ցած Գերեզմանին եւ Դժոխքին անգութ իրականութեան մասին:

www.ingramcontent.com/pod-product-compliance
Lightning Source LLC
LaVergne TN
LVHW021813060526
838201LV00058B/3367
9791126311989